가족에게는
특별한
힘이 있다

가족에게는 특별한 힘이 있다

초판 1쇄 발행 2014년 9월 10일

지은이 김성은
펴낸이 이지은
펴낸곳 팜파스
책임편집 박주혜
디자인 박진희
마케팅 정우룡
인쇄 (주)미광원색사

출판등록 2002년 12월 30일 제10-2536호
주소 서울 마포구 서교동 404-26 팜파스빌딩 2층
대표전화 02-335-3681   **팩스** 02-335-3743
홈페이지 www.pampasbook.com | blog.naver.com/pampasbook
이메일 pampas@pampasbook.com

값 13,000원
ISBN 978-89-98537-59-3 (13590)

ⓒ 2014, 김성은

- 이 책의 일부 내용을 인용하거나 발췌하려면 반드시 저작권자의 동의를 얻어야 합니다.
- 잘못된 책은 구입하신 서점에서 교환해 드립니다.

> 이 도서의 국립중앙도서관 출판예정도서목록(CIP)은 서지정보유통지원시스템 홈페이지(http://seoji.nl.go.kr)와 국가자료공동목록시스템(http://www.nl.go.kr/kolisnet)에서 이용하실 수 있습니다.(CIP제어번호: CIP2014022976)

세상에 지친 당신에게 꼭 필요한 힘

가족에게는 특별한 힘이 있다

김성은 지음

팜파스

들어가는 말

다 같이 성장할 수 있는
힘 센 가족, 건강한 가족

우리는 가족이라는 울타리에서 살아가고 있습니다. 혼자 살고 있어도 하늘에서 툭 떨어진 존재가 아닌 이상 가족에서 탄생되지요. 지금의 가족이 맘에 들지 않는 사람은 언젠가는 자신이라는 울타리가 원하는 가족을 꾸리려 합니다. 심지어 가족이라는 울타리가 싫어서 혼자 사는 사람조차도 가족을 만듭니다. 반려 동물을 가족이라는 이름으로 함께하며, 자신을 반려동물의 '엄마 혹은 아빠'라고 칭하지요.

이렇듯 가족에서 떨어져 나오려 하고, 떨어져 나와 살면서도 사람들의 내면에는 가족에 대한 그리움이 있습니다. 우리는 가족 안에서 안정과 신뢰를 얻고, 한편으로는 분노와 슬픔 등을 경험합니다. 때로는 가족에게 상처도 받습니다. 그러면서도 가족을 그리워하고 기대하는 이유는 거기서 치유 또한 얻기 때문입니다.

성숙한 관계로 가족이 자라왔다면, 가족은 어떤 위기에서도 나를 지켜줄 가장 따뜻한 지지대가 될 것입니다. 내가 더 도전할 수 있는 힘을 주고, 잠재된 가능성을 발견해 줄 것입니다. 그뿐만 아닙니다. 나 역시 다른 식구에게 그런 역할을 할 수 있습니다. 가족은 누구 한 사람의 노력으로 지탱되는 것이 아닙니다. 온 식구의 노력이 있어야 가족도 그 힘을 발할 수 있는 것입니다.

　이 책에서 보는 가족은 단지 각자의 역할만 있는 구성원의 합이 아닙니다. 수학적으로 1+1은 2이지만 가족은 유기적인 존재이기에 1+1〉2가 됩니다. 가족은 구성원끼리 교류하면서 어마어마한 시너지가 나올 수 있는 하나의 단위입니다. 그 가족의 힘이 커지면 커질수록 구성원들은 각자의 능력보다 훨씬 강력한 힘을 꺼낼 수 있지요. 각 구성원의 힘도 커지면 생의 행복도 함께 느낄 뿐 아니라 다른 사람에게도 에너지를 나눠주는 경지에 도달합니다.

　이 책에서는 가족 전체를 살펴보며 서로의 위치에서 어떻게 살아가는 것이 서로에게 좋은 의미와 영향을 줄 것인지를 이야기하려 합니다. 화목한 가정과 현명한 성장은 가족 모두가 함께여야 가능합니다. 가족은 시간이 흘러가면서 성장합니다. 이러한 발달 과정에서 무엇을 얻고, 이 과정의 결과로 가족의 힘이 어떻게 비축되는지를 이야기해 보겠습니다.

　자녀만 성장하는 것이 아니라 부모도 성장합니다. 가족 전체가 성장해야만 가족의 힘이 생깁니다. 이 가족의 힘은 구성원들에게 건강한 인격과 생각을 심어줍니다. 한 가족이 살아가면서 만나는 어려운 문제들을 이겨낼 힘도 줍니다. 《지선아 사랑해》라는 책이 있지요. 이 책을 쓴 저자는 교통사고를 통해 전신에 심각한 화상을 입었습니다. 예전과 같은 생활은 상상하기 어려울 정도의 상처였지요. 헤어나기 힘든 고통이지만 가족들의 힘으로 물론 이것만 있는 것은 아니겠지요. 저자는 종교적인 힘도 이야기합니다만 함께 이겨내고 새로운 삶을 살아가고 있습니다.

우리 가족을 좀 더 넓게 바라봤으면 합니다. 그저 자식만 바라보지 말고 말입니다. 자식만 바라보면 서운함과 서글픔만 남을지 모릅니다. 때론 배신감도 들 수 있지요. 남편만 혹은 아내만 바라보는 것 역시 마찬가지입니다.

가족이 함께 성장하지 못한다면 어딘가 고장이 나 있다는 증거입니다. 가족은 새로운 가족의 탄생과도 이어집니다. 어딘가 고장이 나 있는 상태에서 새로운 가족이 탄생되면 부정적인 감정, 인격, 갈등, 문제의 소지 등이 세대 간으로 이어져 더 커질 것입니다. 그 고장이 어디에서 났는지를 안다면 수리도 가능합니다. 수리하고 싶은 마음만 있다면 말입니다.

대부분의 고장은 가족 안에서 생깁니다. 물론 외부에서 나기도 합니다. 그런데 외부에서 상처 난 것을 고치는 곳도 가족입니다. A/S 센터 같은 곳이지요. 물론 간혹 외부에서 한정적으로 가족의 상처들을 치유할 수도 있습니다만 지속적이지는 않습니다. 이런 의미에서 가족이라는 울타리는 무척 중요한 장場입니다.

이 책이 우리 가족이 건강하길 바라는 사람들에게, 행복을 원하는 사람들에게, 새로운 삶을 갈구하는 사람들에게 변화의 계기가 되었으면 합니다.

들어가는 말
다 같이 성장할 수 있는 힘 센 가족, 건강한 가족 • 4

비범한 가족 탄생의 조건
한 줄기 바람에도 흩어지는 집 vs 어떤 외풍에도 굳건한 집

시련에 더 강해지는 신비한 가족의 힘 • 12
난 왜 하필 이 사람과 결혼하고 싶을까? • 15
당신이 원하는 배우자 이상형의 진실 • 18
환상은 깨지고 현실은? • 24
신생 가족의 홀로서기 • 29
호칭의 심리학 • 36
남이었던 부부, 새로운 규칙을 만들 때! • 38

자아와 부모 사이,
가족의 힘을 만드는 기초공사
인생에서 가장 의미있는 성장통, 부모 노릇

우리 집에 온 복덩이 vs 부담 • 42
아이에 대한 엄마 아빠의 동상이몽 • 46
조부모는 부모가 될 수 없다 • 49
아이의 부모 노릇 vs 조부모의 자식 노릇 • 52

아이와 함께 하는 '가족 기초공사' ▪ 55
당신은 이름만 '부모'인가요? ▪ 58
육아 핵심 키워드 2가지, 도덕성 발달과 피해행동 금지 ▪ 62
육아에도 부부간 파트타임이 필요하다 ▪ 65
비범한 가정은 결코 성급해하지 않는다 ▪ 68
하나의 울타리를 만드는 작업 ▪ 72

PART 03

당신이 원하는 자녀 숫자의 의미
아이를 위한 형제인가, 나를 위한 형제인가?

지금, 대한민국에서 아이 둘 이상을 키운다는 것 ▪ 76
자녀 숫자에 담긴 진실 ▪ 80
만만치 않은 아이들의 관계 맺기 – 첫아이, 늦둥이, 연년생 ▪ 84
아빠와 딸, 엄마와 아들 – 그 미묘한 관계 차이 ▪ 89
누구에게든 떠밀지 마라, 견고한 가족 되기 ▪ 97
싸우는 아이들의 손 모두 따뜻하게, 공평하게 잡아주기 ▪ 102

PART 04

아이의 사회성이 꽃피는 시절,
가족의 힘도 업그레이드!
유치원을 시작으로 '엄마 네트워크'에 발을 딛다

아이와 함께 세상 속에 뛰어든 가족 ▪ 106
새롭게 펼쳐진 엄마들의 만만치 않은 세계 ▪ 113
현재를 즐길 줄 아는 가족의 행복은 점점 더 자란다! ▪ 119
아이의 '고집'을 박수치며 환영해라 ▪ 123
부부 관계도 잊지 말고 돌아보자 ▪ 131
돌아온 싱글, 싱글 부모 가족 ▪ 135

비상(飛上)! 우리 집에 학생이 생겼어요!
지능, 친구, 인성이 함께 자라는 비범한 가정의 사소한 비결

- 가족 모두를 흔드는 여러 형태의 바람들 • 140
- 미약한 가족들의 특징, 온 식구 전투태세! • 143
- 학습 비교는 엄마를 유치하게 만든다 • 147
- 아이 걱정만 하는 부모의 덫, 피해의식 • 150
- 친구 관계에서 가장 중요한 2가지 • 152
- 엄마 아빠'만' 모르는 아이의 진짜 고민 • 157
- 아이의 자립심을 위한 엔진만 깨워주기 • 160
- 놀아야 책임감을 배운다 • 164
- 친구 사이에서의 배려와 공감 능력이 아이를 성장시킨다 • 167
- 비범한 부모의 대범함을 배우자 • 169
- 부부 대화의 끈을 놓지 말자 • 175
- 부부와 형제 사이의 적정선은 어디까지일까? • 180

사춘기와 중년 위기에 대처하는 조금 특별한 자세
가족力이 높고 비범한 집은 사춘기도 다르게 지나간다

- 사춘기가 무슨 질병인가? • 184
- 우리 가족 중간 점검의 기회 • 188
- 사춘기를 제대로 알면 무섭지 않다 • 193
- 사춘기 아이와 '영영' 멀어지고 싶다면 이렇게! • 197
- '존중'을 받은 아이는 '어른'이 되어간다 • 206
- '부모' 아닌 '부부'의 현재 모습은? • 211
- 사춘기가 지났다고 안심하지 마라 • 216
- 아이 때문에 내 인생을 깜빡 잊어 버렸나요? • 220

PART 07
홀로서기에 성공한 자녀, 멋스러운 중년 부모
신뢰와 사랑, 성공으로 다져진 가정의 마지막 과제, 홀로서기

부부, 상실의 시대와 인생 2막 ▪ 224
결실의 시대, 비범하거나 혹은 미약하거나 ▪ 228
독립하지 못하면, 사랑도 일방통행으로 ▪ 233
'어른 아이'로 키워내고 말았다! ▪ 237
자녀가 든든하게 보이는가? ▪ 239
신호가 맞지 않는 중년 부부 ▪ 241
아직도 아이라면, 창피한 줄 알아야 한다 ▪ 245
배려의 심리학 ▪ 247

PART 08
나의 가장 큰 힘! 걱정 없고 웃음이 끊이지 않는 우리 가족
새 가족과 황혼의 시절 – 지금도 내 옆에 선 사람이 애틋한가, 무덤덤한가

진정 성숙한 가족으로 가는 단계 ▪ 252
정말 나이가 들면 어린아이가 될까? ▪ 256
새 가족과 성공적인 관계 맺기 ▪ 259
효도를 '기대'하지 마라 ▪ 262
며느리는 딸이 아니다 ▪ 264
당신, 정말 멋지게 늙고 있다! ▪ 266
탁월한 성숙과 가족애를 위하여! ▪ 274

나오는 말
모두가 부러워하는 비범한 가족이 되는 건 어렵지 않다 ▪ 276

PART 01

비범한
가족 탄생의
조건

한 줄기 바람에도 흩어지는 집 vs 어떤 외풍에도 굳건한 집

시련에 더 강해지는
신비한 가족의 힘

　　인간은 누구나 행복한 삶을 추구합니다. 행복을 바라지만 왜 행복해지지 못하고 불행을 느끼며 힘들게 생활할까요? 주변이 날 힘들게 하고, 경제적인 압박감이 짓누르거나 남들보다 행복한 환경이 아니어서일까요?

　　같은 상황에서도 어떤 사람은 행복을 느끼고 어떤 사람은 불행을 느낍니다. 모두가 행복하기를 원하는데 말입니다. 이런 차이는 어디에서 비롯된 것일까요? 왜 누구는 어려움을 극복하려 하고 누구는 지레 포기해 버릴까요? 단순히 나약해서인가요? 여기서 문제 있다는 것이 극복을 못했다는 의미는 절대 아닙니다. 문제를 어떻게 받아들이고 나아가느냐에 대한 의미가 강합니다.

　　사회와 문명이 발달하면서 많은 사람들이 걱정합니다. 인정이 메말랐고, 사람 사이의 정이 없어졌다고 말입니다. 살기가 좋아졌지만 외롭다고 말합니다. 사회의 발달은 가족에 대한 전통적인 가치관도 변화시킵니다. 새로운 가치관이 등장하지요. 어른들은 요즘 젊은이를 버릇없고 이기적이라고 말하고, 젊은이들은 어른들을 고리타분하다고 합니다. 이제 한 지붕 아래에서도 서로 가치관이 부딪치는 상황이 되었습니다. 예컨대, 결혼한 형제들을 도우라고 말하는 부모와, 돕지 말고 홀로 서도록 지켜보자는 자녀 사이에서 심각한 갈등도 일어납니다. 각자의 공간이 더 중요해졌고, 이러한 변화에 적응하지 못한 노인들이 소외감을 느낍니다.

이러한 사회 발달이 분명 가족의 해체나 위기를 더하는 부분이 없지는 않습니다. 하지만 '가족의 힘'이 있다면, 이러한 변화 속에서 적응하는 힘 또한 생깁니다. 아무리 가족의 형태와 주거 형태가 바뀌어서, 각 방마다 TV가 있는 날이 와도, 가족의 힘은 가족들과 친밀감을 유지하기 위한 노력을 하게 만듭니다.

반면 가족의 힘이 약한 경우, 사회 발달은 거센 바람이 됩니다. 그래서 부는 대로 흔들리게 되지요. 이 바람은 가족들에게 아픔과 상처를 남깁니다. 다른 사람들에게도 상처를 줍니다. 친구나 친지, 이웃들에게 말입니다. 가족이 힘이 약하다면 내부의 결속력이 약해서 지푸라기라도 잡으려는 심정으로 가족 외부의 주변 사람들을 움켜쥡니다. 이러한 움켜쥠은, 주변에게 지나치게 과한 요구를 하거나, 다른 사람을 지배하려 하고, 심지어 노력 없이 대가를 바라는 형태로 드러납니다.

때로는 가족 해체라는 극단적인 아픔도 일어납니다. 가장으로, 부모로

홀로 서기가 서툰 사람들이 만나 서로 갈등을 겪다 보면 결국 해체 수순으로 갑니다. 가족의 해체를 단지 현대 사회의 한 단면혹은 유행으로만 볼 수는 없습니다. 앞으로도 세상은 변화하고, 우리가 원하든 원치 않든 바뀌어 나갈 것입니다. 그래서 이러한 변화들에 건강하게 대처하는 것이 매우 중요한 때가 되었습니다.

사실 이 해답은 개인이 몸담은 '가족의 힘이 어떠하냐'에 달려 있습니다. 내가 몸담은 가족이 외부에서 오는 스트레스외풍와 내부에서 발생되는 스트레스내풍에 어떻게 대처하느냐에 따라 가족의 힘은 달라집니다. 스트레스가 가족의 힘을 깎아 버리기도 하지만, 가족들이 함께 노력한다면 오히려 스트레스로 인해 그 가족의 힘이 지속적으로 쌓여 더 건강한 가족이 될 수 있습니다. 그렇다면 가족의 힘, 즉 가족力은 어떻게 만들어질까요? 단단하고 견고한 가족力을 만들기 위해서 우선 가족의 시작, 탄생부터 살펴봅시다.

난 왜 하필 이 사람과 결혼하고 싶을까?

종종 이런 질문들을 받습니다.

'어떤 사람을 만나야 행복할까요? 배우자감은 어떤 사람이 좋을까요?'

이 질문에 사람들은 각자의 생활 경험을 토대로 답합니다. '생활력이 있는 사람이 좋다. 자상한 사람이 좋다. 날 사랑해줄 사람을 만나라, 아니 내가 사랑할 사람이 좋다. 내가 존경할 수 있는 사람을 만나라. 날 존중할 사람을 만나라.' 자, 그럼 당사자들은 어떨까요?

여자들은 '난 학벌 좋은 남자', '형제가 많으면 싫어', '난 유머 있는 사람이 좋아' 같은 말을 합니다. 또 남자들은 '잘 챙겨주고, 살림 잘하고, 내 말도 잘 듣고, 애 잘 키워줄 현모양처 같은 여자'를 아직도 많이 원하고 있으며, 때론 '맞벌이를 하고 처가가 돈이 있는 집이면 좋겠고……' 식의 그림을 그립니다.

여자와 남자들은 어떻게 보면 각자 다른 그림들을 그리면서 만납니다. 주변 경험자들의 조언이 도움될지 모르지만 과연 그게 나의 행복이 될까요? 내가 그리는 이상적 그림 역시 내 행복이 될까요? 어떤 사람은 '정말 사람은 좋은데 같이 살면서 행복하지 않다'고 합니다. 어떤 사람은 '내가 존경할 사람이라고 만났더니 더 주눅이 들어서 힘들다'고 합니다. '자상한 사람을 만났는데, 그게 밥 먹여주냐'고 합니다. 이런 이야기를 들으면 배우자의 기준을 어떻게 볼지 참 애매하기만 합니다.

행복의 조건을 갖추기만 하면 과연 행복해질까요? 정말 행복해지려고 노력했는데 원하는 만큼 행복하지 않다는 건 정말 억울한 일입니다. 모두 배우자를 신중하게 결정한다고 합니다. 그러나 그에 앞서 나는 어떤 사람을 원하는지를 아는 것이 더 필요합니다. 그리고 '왜 난 이런 사람을 원할까?'를 이해해야 할 것입니다. 정말 행복해지려면 말입니다.

여기서는 결혼을 이렇게 뒤집어 놓고 생각해 볼까 합니다. 결혼은 누군가를 찾는 작업입니다. 그 누구는 내 마음속에 남아 있는 엄마나 아빠입니다. 바로 그들을 찾는 작업이 결혼이라는 것이지요.

| 착각했던 '마음의 조건'에서 깨어나기 |

옛날에는 배우자를 택할 때 얼굴도 보지 않고, 집안 어른들이 정하는 대로 결혼했습니다. 물론 지금도 중매로, 원하는 조건에 맞으면 가정을 이루기도 합니다. 하지만 연애결혼일 때는 겉으로 드러나는 조건보다 각자 마음의 조건욕구에 따라 상대에게 끌리고 결혼합니다.

마음의 조건은 각자 자란 가정에서 경험해온 이력입니다. 어떤 부모에게서 어떻게 대우를 받았고, 어떤 가정환경 속에서 성장해왔는지가 마음속에 고스란히 기록됩니다. 이 기록에 무엇이 부족하고 과했는지도 들어가지요. 결국 이러한 마음의 기록은 욕구로 드러납니다. 본인도 모르는 사이에 기록된 것들도 있기 때문에 사실 이것을 알긴 쉽지 않습니다.

마음의 조건욕구, 결국 이것은 내 마음에 있는 욕구의 방향, 크기를 말합니다. 많은 사람들이 자신들의 욕구를 알고 있다고 생각합니다. 아는 사람들도 있겠지만 엄밀히 말해 대부분 알고 있다고 착각합니다. 자상하다든지, 외모가 멋있어서, 든든해서, 날 사랑해줄 것 같아서 결혼했나요? 그런데 왜 난 이런 것에 끌렸을까요? 이런 것에 끌렸는데 막상 결혼 생활은 왜 그것 때문에 행복하지 않고 오히려 더 힘든 상황일까요? 다들 거기에 대해 자세히 생각하지 못합니다. 그냥 속상해서 서로 비난하고 슬퍼하기만 합니다. 그러다 보니 답답함을 느끼게 되지요.

당신이 원하는
배우자 이상형의 진실

　　　　가족은 나를 지켜주는 보호막 역할을 하지만 때로는 날 힘들
게 만들기도 합니다. 그래서 어떤 사람에게는 내가 자란 환경이 스트레
스 요인즉, 적이 됩니다. 이런 부정적인 보호막의 경험은 배우자를 선택하
는 데 중요한 영향을 끼칩니다. 먼저 남자의 선택을 살펴볼까요?

| 난 엄마 같은 부인을 원한다 |

　　엄마여성는 다들 마음의 고향이라고 하지요. 따뜻함, 감성적인, 돌봄, 배
려, 사랑, 관심을 주는 사람입니다. 아침에 밥을 차려 주고, 빨래하고 청
소해서 집안이 잘 돌아가게 하는 사람입니다. 힘들 때 날 위로해주고, 내

말을 들어주고, 나를 한 없이 이해해줍니다. 이런 것을 내조라고 하지요. 내조 잘하는 여자와 결혼하면 장가를 잘 갔다고 합니다. 그런데 사실 엄마는 남자가 원하는 여자상만은 아닙니다. 남편에게 엄마 역할을 원하는 여자들도 있습니다. 외조라는 이름을 붙이면서 말이죠.

 엄마 같은 배우자를 원했는데, 기대에 미치지 못하면 감정이 복잡해집니다. '관심이 없다. 내가 힘든지를 왜 모르냐, 음식을 왜 이따위로 하냐'는 불평이 나오지요. 상대방이 마치 엄마처럼 내게 편안한 환경을 마련해주었으면 좋겠습니다. 실제로 자신의 엄마는 그렇게 해주지 못했으니까요. 지극한 관심과 돌봄을 못 받고 자랐다면 배우자에게 이런 기대를 하게 됩니다. 어릴 적 욕구가 그대로 남은 채 성장한 결과지요. 결혼 생활에서 그 욕구들이 자연스럽게 나오기 시작합니다. 어떤 배우자는 초기에 매우 잘 맞춰줍니다. 엄마처럼. 신혼이니까 상대방에게 잘해줘야 한다면서 말이죠. 그렇지만 이 단계를 넘어서면 문제가 생길 수 있습니다. 아이가 생기면 부인은 자연스럽게 남편보다 자녀에게로 관심을 옮깁니다. 그러니 엄마 같은 부인을 원했던 남편은 얼마나 짜증나고 힘들겠습니까?

｜ 내조 혹은 외조의 그림자 ｜

 내조는 지금까지 아주 좋은 이미지였습니다. 내조 덕분에 남자는 열심히 일할 수 있고, 주변의 평가도 아주 좋습니다. 만일 배우자가 내조할 준비가 되지 않았다면, 마치 그릇이 작은 여자가 된 것도 같지요. 내조가 빚어낸 결과를 폄하할 생각은 없습니다. 다만 내조의 이면을 보았으면 합니다.

사실 내조를 잘하면 시끄러울 것이 없습니다. 한쪽이 무한 희생을 하니까요. 내조를 원하는 사람들은 마음속에 배우자가 자신을 챙겨줘야 한다는 믿음이 굳건합니다. 엄마가 자식을 챙기듯이 말입니다. 이러한 엄마를 내 배우자에게 원하는 것이 내조의 이면이라고 할 수 있지요. 무한 희생을 하는 사람은 처음에는 원해서 하지만, 희생이 강요되거나 장시간 이어지면 지칩니다. 어떤 경우 뭔가 보상이 없으면 서운함이 밀려옵니다. 때론 자식에게 이 희생을 보답받기를 강력히 바랍니다. 그렇게 보상을 원하는 희생은 사실 희생이 아닙니다.

그렇게 보면 내조를 원하는 사람들의 마음에는 '아직 자식이고 싶다'는 욕구가 있습니다. 이러한 관점에서 보면 부부 관계란 수평의 상호작용이 아니라, 수직적인 관계라 할 수 있지요. 많은 사람들이 농담으로 배우자를 자식으로 빗댑니다. '딸 혹은 아들 하나 더 키운다' 식의 말처럼요.

내조나 외조를 원하는 마음은 성장되지 않은 모습입니다. 이 말에 발끈하는 사람들이 있을 것입니다. '그럼 여자가 할 일이 집안일이랑 남편 내조하고 자식 잘 키우는 것이지 그것 말고 뭐가 있냐'고 말이죠. 단순히 역할이 맞다 아니다의 논조로 이야기하는 것이 아닙니다. 우리가 살펴보려는 것은 어떤 역할을 기대할 때의 내면입니다. 기대하다 보면 '상대방의 역할이 조금이라도 내 마음에 미치지 못하면 불평과 불만'을 내뱉게 됩니다. 배우자가 이런 마음을 못 맞춰주면 부부싸움이 됩니다. 아침을 먹느냐 못 먹느냐 따위의 문제로 상처 입고 '대접을 받지 못한 사람'이 되어서 불만을 품게 되겠지요.

| 자식 혹은 부모 찾기 |

자, 이제 여자의 선택을 살펴봅시다. 많은 여자들이 남자를 집안의 든든한 기둥으로 기대합니다. 집안의 앞날을 책임지고 결정해 주기를 바라지요. '아버지라는 존재에 기대하는 것'은 주도권을 가지고 식구를 보호하며 세상 풍파를 헤쳐 나가는 인물입니다. 남성성에 대한 것이지요. 남성성아버지상은 도전적이며, 앞날을 향해 나가는 모습을 연상할 수 있습니다.

오해는 마십시오. 이것이 남성의 역할이고, 살림하는 것은 여성의 역할이라는 의미가 아닙니다. 여자든 남자든 이런 역할을 할 수 있습니다. 어떤 사람은 자신의 아버지를 '엄마 같은 아버지'라고 하면서 부드럽고 친절하며, 자상했다고 묘사합니다. 그런가 하면 '여장부 같은 엄마'가 생활을 책임지고, 집안을 이끌어 왔다는 사람도 있지요.

결혼을 통해서 아버지 같은 배우자를 원하는 사람들은 이렇게 말합니다. '집안 대소사를 다 책임지고 결정하는 사람', '일 잘하는 사람', '주도적인 사람'이 배우자감으로 최고라고 말이죠. '남편은 날 너무 아껴서 아무것도 신경 쓰지 말래'라며 이걸 자랑하는 부인들도 있습니다. 반대로 남자들 중에 잘사는 여자를 배우자로 고르려는 사람도 있습니다. 처가 덕 좀 보려고 말입니다. 그 이면에는 일이 생겼을 때 '책임질 수 있는 사람과 환경을 원한다'는 마음이 있습니다.

이렇듯 많은 배우자들이 경제적인 능력이나 책임감에 큰 비중을 둡니다. 바로 아버지 같은 배우자를 원하기 때문이지요. 최근 결혼 양상을 보면 두드러지는 점이 있습니다. 점점 여자들이 아버지 역할을 겸하는 게 늘고 있다는 것입니다. 교육이나 경제적인 활동 등 두루 말입니다. 대표적인 예로, 여자가 경제활동을 하고 남자는 집에 있는물론 마음속에는 고민은 하겠지만 가정을 들 수 있습니다. 이 경우 여자가 아버지 역할을 하는 것입니다. 서로 합의하에 남편이 살림을 하고 부인이 경제활동을 맡은 집들과는 전혀 양상이 다릅니다. 이런 남편들은 살림을 아주 적극적으로 합니다. 때론 적성에 맞고요. 이런 경우가 아니라, 집안 형편은 어려운데 고민만 하는 남편의 태도는 부인에게 부성과 모성의 역할을 다 떠넘기는 못난 행동입니다. 물론 다 뜻이 있어서 나에게 맞는 일이 없어서, 통 큰 일을 기다리느라 잠시 쉰다고 생각하지만 이것은 변명이나 합리화입니다.

한편 집에서 공주처럼 지내면서 남자가 살림과 경제활동을 다 해 주는 것을 당연하게 받아들이는 부인도 있습니다. 이것도 마찬가지입니다. 한 사람이 아버지, 어머니 역할을 다 맡는 것이지요. 경제적인 활동을 남자가 맡아야 한다는 이야기가 아닙니다. 이것은 책임감을 누가 더 느끼느냐 그 소재에 관한 것입니다.

아버지를 원하는 사람들은 인정받는 것, 경쟁에서 승리하는 것에 대해 관심이 많습니다. 그래서 부인은 남편이 얼마만큼 능력을 발휘하느냐에 신경을 많이 쓰지요. 남편의 직위가 자신의 직위가 되고 자존심과도 연결됩니다. 남편은 든든한 배경back이지요. 만일 그렇지 못하면, 남편을 무능하게 느끼고 불안해지겠지요.

배우자에게 위로와 안정감을 원하는 사람은 결혼에서 엄마를 원합니다. 나를 지켜주고, 책임져 줄 배우자를 원하는 사람들은 결혼에서 아버지를 원하지요. 둘 다 결국 자식처럼 굴고 싶다는 의미입니다. '돌봄 단계'에 머물러서 수동적으로 살며 안정감을 원하는 사람은 나를 사랑해 줄 부모를 찾습니다. 돌봄 단계를 지나 '주도성의 욕구'를 가지는 사람은 '내가 사랑할 사람'을 찾습니다.

배우자로 나를 사랑해 줄 사람을 찾는다면 상대가 한없이 나에게 관심을 주기를 갈구할 겁니다. 반대로 내가 사랑할 사람을 배우자로 찾는다면, '내 마음대로' 상대를 챙기고 헌신할 겁니다. 전자는 어린애 같고 후자는 좀 어른스럽다구요? 그렇게 보이지만 자식의 마음을 지녔다는 면에서는 똑같습니다.

자, 이쯤에서 한번 질문해 봅시다. 내 마음의 욕구는 무엇이었나요? 내가 원하는 배우자엄마? 아빠?를 찾았나요?

환상은 깨지고
현실은?

결혼은 엄마상 혹은 아빠상을 원하는 사람들이 그 이상들을 찾아 맺어진 결과입니다. 그런데 대부분 자신의 욕구를 잘 모르고 일반적인 잣대로 상대를 택하다 보니 배우자와 갈등을 겪는 것이지요. 자신의 기대와 다르니까요.

어떤 집에서 부부싸움을 했습니다. 아이들이 보는데서 말입니다. 토라지고 화를 내는 아빠를 보면서 아이들이 엄마에게 이렇게 말합니다. '왜 아빠 같은 사람을 만났어? 좀 잘 보고 고르지!' 애들 말이 맞지요. 결혼할 때는 이럴 줄 누가 알았겠습니까? 환상이 깨진 것이지요.

기절초풍할 이상형의 배후

그러면 어떤 사람들이 엄마를 찾고 아버지를 찾는 걸까요? 자신이 자란 환경가족에서 경험한 관계들이 결혼으로 옮겨집니다. 엄마와의 정서적 관계가 깊지 못한 채 자랐다면 마음속의 공허함을 배우자에게서 채우려 할 것입니다. 때문에 배우자에게 좀 더 여성스러운 역할을 원합니다. 제때 밥을 해 주길 바라고 집안에서 편히 쉴 수 있길 바랍니다. 겉으로 보면 밀접한 관계처럼 보입니다. 서로 챙겨주고, 사랑 받고 있다고 여길 시간, 물질 선물들도 중요한 사안이 됩니다. 시간을 많이 가지지 못하면 관계가 깨질 것 같은 불안감도 느끼지요. 그러나 감정이 심해지면 상대방을 의심하게 되고, 의처증이나 의부증까지도 생길 수 있습니다. 엄마와 충분한 애착이 되지 않았다면 배우자 역시 믿을 수 없는 존재처럼 느끼기 때문입니다.

아버지가 역할을 다하지 못한 가정에서 자랐다면 어떨까요? 한 예로, 가정을 책임지지 못하고 사람 좋은 한량으로만 있는, 무능력한 아버지를 보고 자란 경우가 있겠지요. 이런 환경에서 성장한 사람은 경제력이나 생활력이 배우자의 조건으로 크게 작용합니다. 아버지의 모습을 떨치고 싶어서 지나친 책임감을 가지고 '내가 사랑할 사람'을 찾고, 내 마음대로 할 수 있는 사람을 찾습니다. 가정 내에서도 인정받기를 원하고 무능력한 것을 싫어합니다. 지나치면 폭군 혹은 독재가 되기도 합니다. 힘이 있다는 것을 배우자에게 보이려고 말입니다. 이런 사람은 배우자를 아주 부드러운 사람을 고르지요. 내 말을 잘 듣는, 내 마음대로 할 수 있는 순한 사람을 말입니다. 그래야 내 힘이 발휘될 수 있으니까요. 만약 아버지상의 배우자를 택했다면, 배우자는 책임감과 능력이 있을 수도 있지만, 힘을 지나치게 행사하려는 들 수도 있음을 명심해야 합니다.

이렇게 자신의 부모 관계가 현재의 결혼에 이렇게까지 큰 영향을 끼치고 있다는 것이 믿기지 않나요? *가족의 힘이 낮으면 낮을수록 이런 내적 스트레스 요인에 휘둘려 현재의 결혼을 선택하게 됩니다. 가정은 결국 또 다른 가정을 잉태하는 곳입니다. 가족의 힘을 모아 건강한 관계와 역할을 다해야 하는 까닭은 바로 여기에 있습니다.*

결혼식을 준비하는 과정은 어떨까요? 마냥 행복할까요? 행복한 감정이지만, 둘만의 결혼식이 아니다 보니 상견례부터 얼굴을 붉히는 일들이 다반사로 생깁니다. 갑자기 환상에서 현실로 돌아온 느낌입니다.

상견례에서, 예단, 결혼식장 등등 모든 절차에 속상한 일들이 생기지만, 행복해야 한다는 생각으로 다 묻어두려 합니다. 하지만 머리와 달리 가슴은 그렇게 흘러가질 못하지요. 예비 시부모가 '몸만 와라, 우리는 예단이 필요 없다'는 말과 달리, 넌지시 예비 며느리에게 목록?을 주기도 합니다. 예비 장인장모 쪽이 경제적으로 더 나을 경우 사위의 자존심을 건드리는 일도 자주 일어납니다. 집안의 가족力이 낮을수록 상대방에게 상처를 주는 일이 더 잦습니다. *가족의 힘이 낮으면* 준비 과정 중에 '상대방'이 날 어떻게 대하는지에 대해 촉각을 곤두세우게 되기 때문입니다.

| 혹시 친구에게 잘 보이려고 결혼하는가? |

가족의 힘이 낮은 집에서 성장하면, 자존감이 낮아집니다. 결국 성인이 되어서도 주변인들의 말 한마디에 자신의 가치를 판단하고 맙니다. 그 대표적인 예가 결혼 준비 과정에 담긴 경쟁의식이지요. 친구 사이에는 'ㅇㅇ는 얼마짜리 웨딩드레스를 입었대', '시부모님에게 예물을 명품으로 받았대', '집을 부모가 사줬대' 같은 이야기도 스스럼없이 합니다. 그런데 그 말이 매우 신경이 쓰입니다. 곧 내 결혼식도 저렇게 품평회를 하겠구나 싶어 친구들에게 화려하게 보이려고 애쓰지요.

그 결과 자신들의 경제적 여건은 고려하지 않고 더, 더, 소비하게 됩니다. 결국 이러한 비용은 결혼 생활로 고스란히 넘어옵니다. 결혼식을 화려하게 하지 않았다면 상대방 부모가 제대로 지원하지 않아서 그렇다고 탓할 것이고, 화려하게 했다면 결혼 생활을 빚으로 시작하게 되는 것입니다.

이러한 현상들을 단순히 요즘 사회적 분위기로 몰고 가는 것은 건강치 못한 반응입니다. '결혼 준비에 투영하는 자존감 부재부와 화려함으로 자기 과시를 하려는 행태'를 경계해야 합니다. 과시하려는 마음이 클수록 내면은 비어 있다는 것입니다. 내면에는 열등감이 자리하고당사자들은 절대 인정하지 않겠지만, 열등감을 물질적 화려함으로 채우는 모습은 결국 자라온 환경이 내면을 탄탄하게 만들어주지 못했다는 이야기입니다. 부모들이 겉에 보이는물질 모습 외에는 중요한 것을 주지 못했다는 말일 것입니다.

내 눈보다 100배 더 중요한 남의 눈?

결혼 준비 과정에서 돌이킬 수 없는 갈등을 발견하기도 합니다. 심각한 취소 사유지나친 거짓말이나 사기 등를 알게 되어 결혼을 물리고 싶지만, 이제 와서 결혼을 접을 용기가 나지 않습니다. 많은 사람들이 나의 결혼소식을 알고 있으니까요. 그래서 결국 울면서 식장을 들어갑니다. 끝내 이혼할 바에야 지금 취소하는 것이 훨씬 실리적인데도 말입니다. 남의 말은 3일이면 된다지 않습니까? 얼마만 참으면 평생을 후회하지 않을 수 있습니다. 그러나 이때조차 자기보다는 남의 눈이 앞서는 것입니다. 가족의 힘이 미비한 집은 부모들도, 결혼 당사자도 남의 눈을 신경 써서 자신의 행복을 돌아보지 못하는 경우가 허다합니다.

다른 사람의 시선에 휘둘리지 말고 무엇이 더 중요한지 생각해 봐야 합니다. 남이 내 인생을 대신 살아주는 것이 아니기 때문입니다. 정말 중요한 나 자신, 내 마음, 내 행복을 고려해 보아야 합니다. 남의 시선에 맞춰 사는 삶은 꼭두각시의 삶입니다. 남들의 시선에 휘둘리는 것 역시 낮은 자존감에서 발생합니다. 주변의 시선이 자존감을 긁고 지나가는 바람이 되어버리는 것입니다.

결혼 준비로 받는 내, 외적인 스트레스들은 결혼 생활에 고스란히 넘어옵니다. 몇 달은 행복해 보려 하면 할 수 있을지 모르겠습니다. 그러나 이런 스트레스들은 앞으로 결혼생활에서 어떤 감정을 겪을지 맛보는 애피타이저 성격이 짙습니다. 어떻게 내, 외풍을 받아들여야 가족의 좋은 힘을 기를 수 있을까요?

신생 가족의
홀로서기

　　　　　가족力이 높은 가정에서 자란 이들은 결혼 과정을 뭔가 주고받는 과정으로 생각하지 않습니다. 훨씬 차원이 높습니다. 어떻게 가정을 꾸려 갈지에 대해 배우자와 서로 의견을 주고받습니다. 너무 재미없습니까? 누군가는 예물 준비한다며 이것저것 쇼핑하는 재미가 쏠쏠하다고 합니다. 여기에 비해서는 재미가 없어 보이지요. 하지만 가족力의 잠재력을 지닌 사람들은 현재 누가, 무엇을 해야 하는지를 잘 아는 이들입니다. 예물 잔치가 아니라 새로운 가족을 만들어서 자신들의 힘으로 삶을 꾸려가는 것이 더 중요하다는 걸 아는 사람들이지요.

　　남녀가 만나 결혼하는 과정은 당사자들에게 설렘을 줍니다. 기대감이 있습니다. '우리는 잘 살 것이다. 우리 부모와는 다른 가정을 만들 것이다.'

맞습니다. 과거 가족에 대한 부정적인 경험을 지금 새로운 가족이 긍정적인 경험의 기회로 만들 수 있습니다. 우리는 과거의 지배를 받지만, 가족力을 높이는 노력을 한다면 더 멋진 미래를 만들 수 있다는 것입니다.

옛말에 집안에 여자가 잘 들어와야 한다는 말이 있습니다. 이것은 여자가 그만큼 중요하다는 말도 되지만, 자칫 잘못하면 가정의 잘잘못 책임을 여자에게 돌리는 말도 됩니다. 여자만이 아니라 남자도 잘 들어와야 합니다. 즉 서로가 중요합니다. 서로 부족하더라도 같은 곳을 바라보고 열린 마음과 귀를 가진다면 가족에게 특별한 가능성이 열립니다.

결혼을 잘하면배우자를 잘 만나면, 성숙해진다고들 합니다. 배우자를 잘 만나서 성숙해졌다면 '좋은 배우자의 조언을 잘 들었다'는 말입니다. 이렇게 첫 단추를 잘 끼우면 그 다음 단추는 더 쉬워집니다. 그만큼 이 시작이 중요하다는 것입니다. 그러면 어떻게 하면 첫 단추를 잘 끼울까요? 결혼 후 가장 중요한 작업은 주변 사람들과의 관계를 다시 설정하는 것입니다. 이제 결혼했기 때문에 예전처럼 누구의 자녀, 누구의 친구로 살아갈 수 없습니다.

| 결혼, 부모와의 관계를 다시 맺어야 할 때 |

대부분 자기 부모와의 관계에서 결핍된 부분을 배우자에게서 찾습니다. 그렇기 때문에 사실 부모와 정서적으로 독립된 것이 아니지요.

결혼 후 부모와 독립적인 관계를 둔다는 것은 그만큼 성숙했다는 의미입니다. 그 부모만 성숙한 것이 아니라 결혼하는 자녀들 역시 성숙하다는 것이지요. 그런데, 사실 우리는 시대 흐름과 섞여서 이러한 관계 설정이 힘든 상황입니다. 외형적 형태는 서로 독립하려는 모습처럼 보입니다. 대체로, 핵가족처럼 거주지가 따로 마련됩니다. 그렇지만 마음은 아직 독립적이지 않습니다. 자식들은 간섭은 싫어하지만, 혜택은 받기를 원합니다. 부모 역시 떨어져 살기를 원해도 여전히 자신들을 챙겨주길 기대합니다.

결혼을 통해 새로운 역할이 생겼습니다. 며느리와 사위 역할 말입니다. 좋은 말로 며느리나 사위를 새로 생긴 자녀라고 표현합니다. 그런데 부모들은 그럴지 모르지만 이것이 며느리나 사위들에게도 긍정적인지 고려해 봐야 할 것입니다. 요즘 많은 사람들이 경제적으로 독립하지 못하고 결혼합니다. 때문에 부모와의 관계를 다시 설정하는 것도 생각하지 못하지요.

결혼이 성인 대 성인의 만남임에도, 누구의 자녀들의 만남이 되어 연애 당시 수준으로 머물러 있는 것입니다. 경제적으로 또는 심리, 정서적으로 독립하지 못한 상태에서 결혼들을 합니다.

상황에 따라서 어떤 집은 며느리만 생깁니다 사위만 생기는 집도 있습니다. 이게 무슨 말이냐고요? 결혼 전에 부모와 아들딸 관계가 소원했던 집이 있습니다. 아들이 결혼을 해 며느리 사위가 생겼습니다. 그런데 부모들이 며느리 사위에게 소원했던 관계 회복과, 자식 역할까지 떠안긴다는 것입니다. 무뚝뚝한 자식을 대신하여 새식구에게 전화를 강요하고, 제대로 하지 않으면 야단을 칩니다. 심지어 배우자조차 그 역할을 새식구에게 미룹니다. 즉, 새로운 의무가 생긴다는 뜻입니다. 관계가 재설정되지 않은 상태에서 의무가 생기면 그만큼 갈등의 소지도 커집니다.

많은 아들들이 그냥 자녀로 있고, 그 역할을 며느리가 대신합니다. 며느리가 그 집의 아들 역할을 한다는 것이지요. 그 역할을 잘하면 며느리가 잘 들어왔다고 합니다. 왜 여러 집안 행사며 모든 일들이 며느리의 책임이어야 할까요? 그것은 다시 말해 관계를 다시 설정해야 한다는 생각 자체가 없었다는 것입니다.

여전히 누군가의 자녀로 머물면서 상대방에게 자기 집에서의 역할사위나 며느리을 기대합니다. 사실 누구의 며느리, 사위 이전에 누구의 아들딸이었지만, 이제는 성인입니다. 성인과 성인의 만남으로 새로운 관계를 형성해야 합니다. 성숙한 어른의 만남은 쉽지 않겠지만, 어른스럽게 관계를 다시 설정할 수 있는 것입니다. 어른스럽게 관계를 맺는다는 것은 그만큼 막 탄생한 자기 가족의 힘을 키우기 쉬워진다는 뜻이지요. 그렇지만 많은 사람들이 그냥 어린애처럼 아들, 딸에 머물러 있기를 원합니다. 심지어 이것이 맞다고 여기는 사람이 있는데, 절대 성숙하지 않은 모습입니다. 부모도 마찬가지입니다. 자신의 아들, 딸이기 이전에 새로운 가족을 꾸린 어른으로서 자녀를 대해야겠지요.

│ 아직도 처녀, 총각 마인드로 살고 싶은가? │

결혼 전 자유롭게 친구들을 만났던 시간도 조정해야 합니다. 이제는 한 가정의 울타리를 우선해야 합니다. 많은 사람들이 이것을 억울해합니다. 왜 이런 것들까지 조정해야 하냐면서 말입니다. 그러면서도 상대방은 가정에 충실해 주었으면 하고 바라지요. 자신은 주변 관계를 과거 그대로 유지하려는 것은 '내 마음대로 하려는' 욕구의 표현입니다. 상대방이 간섭하지 않았으면 하는 마음은 배우자에게 이상적인 부모의 모습을 요구하는 것입니다.

그러나 결혼이라는 것은 새로운 영역의 탄생이기 때문에 가지치기와 축소가 필요합니다. 이런 것이 마냥 싫다면 내 마음속에 어떤 욕구가 있는지 생각해 보십시오. 새로운 관계를 위한 노력을 하기 싫다는 것입니다. 책임감을 가지지 않겠다는 것입니다. 정말 결혼생활이 원만하길 원한다면 새로운 울타리를 만들고, 주변 사람들과의 관계 조정을 꼭 해야 합니다.

| 시간 공유는 반드시 해야 한다 |

아무리 바빠도 연애할 때는 어떤 식으로든 시간을 냅니다. 시간을 내지 않으면 연애라는 것이 성립될 수 없습니다. 연애할 때 시간을 함께하지 않으면 관계가 깨어지듯이 결혼도 마찬가지입니다. 한 집에서 산다는 이유로 저녁 때 잠시 볼 수 있으니 괜찮을 거라 생각하지 마십시오. 결혼이라는 울타리 덕에 관계가 유지될 거라고 생각하면 오산입니다. 겉보기엔 유지되는 것 같지만 내면에서는 갈등이 있지요. 여차하면 터져 나올 수 있습니다. 너무 바쁩니까? 한 템포 쉬어가도 됩니다. 무턱대고 앞만 보고 달려가다 보면 나중에 얻은 것보다 더 귀중한 것(가족)을 잃을 수 있기 때문입니다.

| 당신의 행복은 무엇입니까? |

많은 전문가들이 이 시기의 중요한 것들에 대해 말합니다. 성인으로서의 만남인가? 아니면 어떤 목적을 가지고 결혼하는지 등에 대해서 말입니다. 그러나 그 전에, 제일 먼저 자신이 어떤 배우자를 찾아 결혼했는지 알았으면 합니다.

나의 결혼 목적은 무엇이었습니까? 부모가 싫어서, 집이 싫어서 탈출하고 싶었습니까? 그러면 지금 부모와는 다른 이상적인 부모를 찾아 결혼한 것입니다. 엄마가 필요했습니까? 아버지가 필요했습니까? 나는 누구를 만나서 결혼하는 걸까요? 이러한 고민을 꼭 해 보십시오.

외로워서 결혼하나요? 이 외로움은 엄마를 찾게 합니다. 친밀감을 원하는 것이지요. 하지만 결혼은 외로움을 해결하지 못할 수 있습니다. 왜냐하면 내가 생각하는 목표보다 현실은 항상 부족한 상태이거든요.

나의 결혼 목적은 무엇이었나요? 뭘 원해서 결혼하는 걸까요? 어떤 사람들이 나에게 매력적으로 다가오고 끌리던가요? 이것을 아는 것은 아주 중요합니다. 나와 맞아서 행복할 수도 있지만 나와 맞긴 한데 불행할 수도 있기 때문입니다.

신혼 시절이라면 자신만이 아니라 배우자의 욕구도 파악해야 합니다. 그런데 대부분의 경우 내 욕구의 밑바닥을 모르기 때문에 '나를 어떻게 사랑해 줄지'만 요구합니다. 그러다 보니 서로 '예전과 다르다. 달라졌다.'는 소리를 많이 하지요. 무작정 싸움만 하지 말고, '나는 어떤 것을 원하고, 당신이 어떻게 해 줬으면 좋겠고, 이런 것들은 하지 않았으면 한다.' 등등 허심탄회하게 이야기를 나눠 보십시오. 자신의 가정환경에 대해서도 이야기를 꺼낼 수 있으면 합니다. 만약 이 시기에 이런 과정을 밟지 못하면 앞으로의 결혼생활 중에 끊임없이 가족들의 발목을 잡는 경험을 할지도 모르니까요.

호칭의
심리학

　　　　결혼한다는 것은 새로운 관계가 생기는 것입니다. 그리고 전에 맺었던 관계의 변화를 의미합니다. 변화의 흐름을 타야만 앞으로 나아갈 수 있겠지요. 즉 바람직한 방향으로 성장할 수 있다는 것입니다.

　결혼 전에 불렀던 호칭들이 있습니다. ○○씨, 오빠, 선배, 야!! 등등. 여자는 연상의 남자를 '오빠'라고 부르고, 남자는 연상의 여자를 '누나'라고 부릅니다. 관계가 진전되면 남자들은 '힘의 균형을 찾으려는 무의식적인 발로'로 '○○씨'라고 이름을 부르고, 여자들은 결혼 후 아기를 낳고서도 '오빠' 호칭을 유지하기도 하지요. 이 '오빠' 호칭은 '보호자 역할'을 요구하는 무의식적 표현입니다. 아이가 태어나고도 이 호칭을 쓴다면 어떤 관계를 지칭하는지 아이들에게도 혼란을 주지요.

사실 결혼했으니 새로운 호칭으로 불러야 하는데, 어색해서 쉽지 않습니다. 그렇지만 초기에 장난처럼 하더라도 시도해야 합니다. 호칭은 관계를 규정해주기 때문입니다. 호칭을 인생의 흐름을 타는 것이라 여기십시오. 아이의 부모가 되면 'ㅇㅇ엄마아빠'라고도 부릅니다. 이것은 호칭을 통해 부모 역할을 느끼고 있는 것입니다.

| 바람직한 호칭은 어떤 것일까? |

절대적인 것은 없습니다. 다만 가장 기본인 '부부 관계'를 토대로 본다면 '여보'라는 호칭이 가장 적절해 보입니다. 아이를 키울 때는 부모와 부부 호칭이 혼재될 수 있습니다. 그러다가 아이들이 독립하고 나면 다시 '여보' 호칭으로 돌아가면 됩니다. 부부는 상당히 사적인 관계이니 다른 사람들과 구별되는 표현이면 더 좋습니다. 이런 의미에서 'ㅇㅇ씨' 같은 이름은 일반적인 호칭입니다. 마음으로는 우리 가족의 울타리가 튼튼하길특별한 관계 바라면서 일반화된 호칭을 쓴다면 뭔가 앞뒤가 맞지 않습니다.

호칭과 더불어 관계를 특별하게 규정하는 것 중 하나는 어투입니다. 서로 존중의 표현을 해야 합니다. 존댓말도 좋습니다. 말을 놓기 시작하면 대체로 나이가 많거나 주도성이 강한 배우자가 명령조 혹은 함부로 말할 가능성이 큽니다. 반말을 쓰더라도 존중된 표현을 사용해야 합니다. 어떤 집은 부부싸움을 할 때만 '존댓말'을 하기로 했답니다. 이것도 좋은 것 같습니다. 갈등 상황일 때 좀 더 조심할 필요가 있습니다.

남이었던 부부,
새로운 규칙을 만들 때!

　부부가 각자 자라온 환경은 다릅니다. 선호하는 음식도, 청소 방법도 다릅니다. 어떤 집은 설거지를 하루에 한 번 몰아서 하는 집이 있는가 하면, 먹고 나자마자 하는 집도 있습니다. 빨래를 너는 방법, 치약 짜는 방법, 변기 뚜껑을 올리는 습관, 다 다릅니다. 식사할 때 앉으면 바로 먹는 집이 있는가 하면, 모두 모인 다음 먹는 집도 있습니다. TV를 켜놓아야 편한 사람, TV는 꺼놓는 게 좋은 사람……. 차이점들을 말하자면 정말 끝이 없습니다. 그 정도로 각자 차이들이 너무나 많습니다.
　그러니 그간의 각자 집안 분위기, 가풍을 바탕으로 무조건 '내 방식대로 하자'고 요구해서는 안 됩니다. 그리고 우리집에 맞는 것을 새로 만들어야 합니다. 논의와 합의가 필요한 것이지요. 이 합의는 사실 어른스러움이 만들어냅니다. 앞에서 언급한 어린아이의 마음이라면 합의는 고사하고 '내 방식대로 하자고 억지를 부리거나 토라지는 일'들이 허다할 테니까요.

 이 과정은 절대 쉬운 일이 아닙니다. 되든 안 되든 하다 보면 '내가 자란 집에서 문제 해결을 어떻게 해 왔는지'가 적나라하게 보일 것입니다. 이것을 보면서 합의를 만들려고 노력해 보십시오. 조금씩 합의점에 도달하게 될 것입니다.

PART 02

자아와 부모 사이, 가족의 힘을 만드는 기초공사

인생에서 가장 의미있는 성장통, 부모 노릇

우리 집에 온
복덩이 vs 부담

　　가정을 꾸린 다음 다들 자녀 출산을 생각합니다. 물론 출산을 선택의 영역으로 보는 부부들도 많습니다. 경제적인 여유, 둘이서 인생을 즐기려는 등 이유는 다양합니다. 하지만, 자녀가 주는 축복이 무엇에 비유할 수 있을까요? 어떤 사람들은 동의하지 않겠지만, 아이는 부모의 마음을 정화시킨다고 생각합니다. 부모가 되어 봐야만 알 수 있는 '나'도 있습니다. 내면 깊숙한 곳의 욕구와 나를 지배하는 요인들이 아이를 낳고 키우면서 나타나기 때문입니다. 때문에 아이는 부부가 성숙을 향해 나아가는 버팀목이 됩니다.

　　앞 단계에서 부부 두 사람이 제대로 결속되었다면 이제 또 한 단계 도약할 시기가 되었습니다. 그렇지만 마음의 준비 없이 아이가 생기면 이것 자체가 위기로 다가옵니다. 허나 잘 받아들이면 전화위복이 되기도 합니다. 그렇다면 자녀의 출산은 가족에게 훈풍일까요? 내풍일까요?

설사 부부 사이가 돈독했더라도 자녀의 출산은 급격한 변화며 스트레스 요인입니다. 사실 부부끼리 지낼 때는 서로 맞추어 잘 지낼 수 있습니다. 그런데 임신하게 되면 부부 간, 부인 내면, 남편 내면에 복잡 미묘한 감정들이 생깁니다. 부부 관계가 편안했을 때조차 말입니다. 아이의 임신은 역할의 급격한 변화_{아빠, 엄마}를 요구하기 때문에 기대와 부담감이 생길 수밖에 없습니다.

| 자녀를 원하는 이유 |

가족은 부부만으로도 가능합니다. 그런데 많은 사람들이 꼭 자녀가 있어야만 한다고 생각합니다. 혹여 자녀가 생기지 않으면 지나치게 스트레스를 받습니다. 남들이 다하는 것을 못한다고 여겨서 열등감, 좌절감까지 느끼지요. 사실 아이가 생기지 않는 것은 내 능력과 상관없습니다. 그런데 이러한 것들을 능력으로 보아 무능함으로 해석합니다.

또 하나, 많은 이들이 자식을 노후에 기댈 대상으로 봅니다. 그렇게 되면 허전함이 극에 달합니다. 홀로 사는 느낌을 지나치게 받을 테니까요. 입양 같은 문제에서도 아이를 위해서라기보다 자신의 미래를 위해 선택하게 됩니다. 이것은 투자이고 저축이지요. 자식을 투자나 저축의 대상으로 생각하면 자녀의 유무는 굉장한 스트레스 요인이 될 것입니다. 자녀를 내 삶의 연장선으로 여기게 되면 입양도 쉽지 않게 됩니다. 핏줄이 아니니까요. 게다가 불임 같은 문제도 받아들이기 어렵게 됩니다.

| '평생 내가 책임져야 할 존재'란 부담감 |

요즘은 아이를 낳지 않으려는 부모가 많습니다. 양육 비용 등의 문제로 아예 낳지 않거나 하나만 낳으려고 합니다. 그런데 자녀를 어떻게 보느냐에 따라 이 선택이 달라집니다. 외로움을 해소하고 친밀함을 느끼려는 이유로 결혼했다면 자녀도 많기를 바랍니다. 왠지 풍성한 느낌을 주거든요.

그런데 내가 돌봄을 받고 싶어서, 즉 엄마를 찾아서 결혼했다면 출산의 의미는 남다릅니다. 아니 위기입니다. 게다가 요즘은 많은 부부가 맞벌이를 하기 때문에 자녀 양육을 양가 부모에게 넘기는 일도 많습니다. 그렇다 보니 '아이 돌봄'에 대한 스트레스를 잘 체감하지 못하거나, 이름만 부모로 살고 어떤 노력도 하지 않게 됩니다.

출산이 위기라구요? 그것은 아이를 돌보는 걸 매우 부담스럽게만 보기 때문입니다. 상담을 하다 보면 많은 부부가 아이가 생기면서 갈등하는 경우를 봅니다. 둘만 있을 때는 무척 자상했는데 아이가 생기고 나서 변했다는 것입니다. 육아에 돕지 않는 남편에게 '아빠 노릇을 하라고' 싸우기도 하고, 때론 엄마가 남편에게 육아를 넘깁니다. 모든 일을 동등하게 나누려는 부부도 있습니다. 이 경우 분담 영역들에 대한 생각이 서로 다르다면 갈등이 생기게 되지요.

자녀가 생기면서 각자 결혼의 숨겨진 욕구들이 더 드러나게 됩니다. 마음속 엄마, 아빠를 찾아 결혼했는데 이제 직접 엄마 아빠의 노릇을 해야 한다니 정말 쉬운 일이 아닙니다.

| 감옥에 갇힌 기분, 육아 스트레스 |

뱃속에 아이가 있을 때는 고상하고, 지적인 예비 부모 노릇을 합니다. 태교 음악도 듣고, 뱃속의 아기에게 동화도 읽어줍니다. 이런 것들은 상당히 쉽게 할 수 있습니다. 아이가 아직 보이지 않기 때문에 내가 하고 싶을 때 하면 되니 어려운 일은 아닙니다. 아기방도 꾸미고 아기용품들도 사다 놓습니다. 이것은 어떤 측면에서 교육 받은 결과입니다.

자, 아기가 태어났습니다. 모든 것들이 뒤죽박죽됩니다. 내가 좋아하는 것들을 할 수가 없습니다. 몸도, 마음도, 환경도 되지 않습니다. 아이는 또 왜 이리 자주 울고 보채는지요. 엄마는 출산으로 인한 호르몬의 변화로 우울감이 옵니다. 육아 부담도 크고, 몸도 너무나 피곤하구요.

아빠가 된 남편은 어떨까요? 주변 관계에서도 뭔가 소외되는 것 같고, 고립된다는 생각도 듭니다. 자유롭게 친구들을 만나 술 한 잔 하고 싶은데 애 때문에, 마누라 때문에 일찍 들어가야 하는 상황이 구속처럼 느껴집니다. 이럴 때 왜 하고 싶은 일들은 더 많아질까요? 우울해질 수밖에 없습니다.

아이 양육이 즐거움은커녕 마치 감옥에 갇힌 것 같습니다. 마음의 준비를 했다고 생각했는데 사실 전혀 준비되지 않았던 거지요.

아이에 대한
엄마 아빠의 동상이몽

　　　　　엄마와 아빠 중에서 누가 먼저 부모 마음을 가질까요? 개개
인마다 다 다르겠지만, 대체로 엄마가 먼저 부모가 됩니다. 뱃속에서 10개
월 동안 아이를 품고 있으면서 몸과 심리에 함께 변화가 옵니다. 출산이라
는 고통을 통해 엄마 마음이 더 생기지요. 아이와 탯줄로 연결되어 자연스
럽게 돌보려는 마음이 생겨납니다. 반면 아빠는 아이를 직접 볼 때면 아빠
같은 기분이 들지만, 몸이 피곤하거나 아이 울음 때문에 잠을 자지 못하면
방해 받는다는 느낌이 더 강해집니다. 아이가 남 같은 부담스러운 존재가
되지요. 직장으로 가면 자연스럽게 아이 생각이 옅어지고요. 물론 아이를
다시 볼 때는 아빠 마음이 생기지만요. 그렇기 때문에 아빠 역할을 하기가
쉽지 않습니다. 그러다 보니 엄마 아빠의 마음은 아이를 두고 서로 달

라집니다.

특히 자유롭게 지내고 싶은 사람아버지의 욕구를 가진은 아이에 대한 부담감질이 더 큽니다. 아이는 늘 챙겨줘야 하고, 아빠의 존재감을 심어주고 싶어도 너무 어려 별 뾰족한 수가 안 보입니다.

｜ 아이에게만 집중하는 부인 ｜

앞서 말했듯 엄마는 부모 역할을 받아들이기가 조금 쉽고 빠릅니다. 그러다 보니 내 몸의 분신처럼 아이에게 집중합니다. 남편은 그런 부인이 서운합니다. 병균 옮길까 봐 아기를 만질 때는 항상 씻어라 잔소리하고, 아침은 챙겨주지 않지요. 이제 우리 집은 아이가 중심입니다. 남편은 아이 때문에 묻힌 지 오랩니다. 먹는 것도 아이 이유식에만 신경을 씁니다. 갑자기 나를 챙겨주지 못하는 마누라가 밉습니다. 아니 속상합니다.

부부 관계가 돈독하지 않다면 출산은 어쩌면 가정의 위기일 수 있습니다. 이때 돈독하다는 의미도 중요합니다. 겉보기에만 돈독해서는 안 됩니다. 부부 둘만 있을 때는 남편의 욕구엄마같은 돌봄을 원하는를 아내가 채울 수 있었습니다. 부부 관계가 성인의 만남이 아닌 '엄마와 아들과의 만남'처럼 되었을 경우, 아이의 출현은 동생의 출현과도 같습니다. 남편은 위기를 느끼고 질투할 수밖에 없겠지요. 스스로를 한 번 볼 수 있다면 그것이 '참 어른스럽지 않은' 반응임을 알 것입니다. 그나마 이 생각을 스스로 한다면 가족力이 조금씩 단단해질 수 있습니다. 남편은 당연히 부인을 도와주어야 합니다. 부부의 아이이지 부인의 아이가 아니지 않습니까?

| 나보다 아이를 더 예뻐하는 남편 |

　엄마의 마음을 가진 아빠들은 아이를 잘 돌봅니다. 이런 남편을 둔 부인은 아주 편안하지요. 아이가 밤에 울어도 남편이 일어납니다. 부인은 정신없이 자구요. 그러다 보면 남편은 자꾸 '엄마 자세가 되지 않은 부인'을 탓합니다. 한편 '엄마 마음이 없는' 엄마는 자유로운 영혼이고 싶습니다. 자신을 있는 그대로 받아주는 남편아버지상를 원해 결혼했습니다. 이런 부담들은 절대 예상도 못했지요. 아이 때문에 자꾸 갈등이 생기고, 특히 자신이 무능해 보이는 것이 싫습니다. 그리고 서운합니다.

　부부 둘만 있을 때, 남편이 부인을 공주처럼 떠받들고 살 수 있습니다. 이러한 남편의 '엄마 역할'에 익숙해진 부인은 애가 태어났을 때 질투를 느낄 수 있습니다. 여태 대접받고 살았는데 하루아침에 엄마 역할의무을 요구하니 얼마나 힘들까요?

　자신을 한번 보십시오. 어린아이 같은 모습을 말입니다. 물론 산후 우울증으로 인한 부분은 충분히 감안해야 합니다. 엄마 되기가 쉬운 일은 아니지만, 아이와 라이벌 관계로 여기는 마음은 한번 짚어봐야 합니다. 다행히도 많은 여성들은 모성 본능이 있어서 남자들보다 이 시기가 길지는 않습니다. *엄마가 된다는 것은 누굴 돌볼 수 있는 위치가 되었다는 의미입니다. 다시 말해, 어른이 되었다는 것이지요.*

조부모는
부모가 될 수 없다

　　　　아이가 태어나 할머니, 할아버지가 되면서 조부모들은 스스로 어떤 역할을 하길 기대합니다. 그렇지 않은 (외)조부모들도 있겠지만 그리고 당연히 그래야 한다고 여기지요. 조부모 입장에서 보면 초보 부모의 모습은 한참 어설픕니다. 물론 조금씩 도울 필요도 있지만, 지나치게 '내 자리인 양' 끼어들려는 것은 좋지 않습니다. 이러한 모습 역시 '아이에게 인정받으려는 욕구'에서 나오는 것입니다.

　조부모들은 자신의 양육 경험을 통해 초보 부모들에게 각인시키고 싶어 합니다. 능력자인 자신의 모습을 말입니다. '애들은 이렇게 키워야 해'라는 유, 무언의 메시지를 보내지요. '이래라, 저래라' 식의 조언들을 많이 합니다. 신참 부모들도 처음에는 멋몰라서 이것을 도움으로 여기지만 시간이 지나면서 '과도한 간섭'으로 느낍니다. 점점 '누구의 아이인가?' 심각하게 고민할 지경까지 가게 됩니다. 그렇다고 표면화시켜서 싸울 상황도 아닙니다. 모두 '아이를 예뻐한다'는 미명하에 이루어지기 때문에 초보 부모들은 감정적인 어려움을 겪게 됩니다.

외조부모에게 부모의 마음이 없을 경우도 있습니다. 즉 다른 사람을 돌보고 배려하는 따뜻함이 없다면(물론 자기 자녀를 키울 때도 무덤덤하게 대했겠지만) 아이 울음이나 저지레를 귀찮아합니다. 이럴 때 초보 부모들은 자신이 어떻게 양육되었는지 새삼 처절하게 느낍니다. '자기 손자손녀인데도 저리 무덤덤한데, 자신을 키울 때 어땠을까?' 이런 생각에 조부모에게 서운한 마음이 드는 것입니다.

원가족의 부모들이 관여하면 신참부모는 당연히 스트레스를 받습니다. '내 아이란 걸 보이려고' 유치한 방법으로 아이에게 접근하기도 합니다. 아이 양육에 썩 좋은 상황은 아니지요. 아이를 두고 어른들이 서로 인정받으려고 하니까요. 역으로 신참부모가 자기 부모들에게 과도하게 의존하는 경우도 많습니다. 실제로 우리 주변에도 할머니 육아가 비일비재하지요. 양육이 너무 힘들고 '개인 생활'도 없어서 조부모에게 아이를 자주 맡기고 영화 혹은 여행을 다니고, 아이 없는 사람처럼 살고 싶어하는 것입니다. 이러한 상황은 '아이와 부모의 애착 형성'에 문제를 만들 수 있습니다.

가장 중요한 시기인 출생 후 1년 혹은 3년 이내까지 아이와 부모는 긴밀하고 신뢰하는 관계(애착)를 맺어야 합니다. 이때 아이가 보이는 반응에 즉각 반응을 해야 하지요. 아이의 여러 울음(대소변, 배고파서, 졸려서 등등)에도 바로 반응해야 합니다. 눈을 맞춰 웃고, 안정감을 주어야 합니다. 신체적으로 매우 힘든 노동일 겁니다. 심리적으로도 답답한 상황일 거구요.

이름만 엄마이고 마음은 아직 자녀로 머물러 있다면 이 돌보는 역할을 제대로 할 수 없습니다. 그러다 보면 우울해지고 짜증과 싸움이 잦아집니다. 집안 분위기는 가라앉을 수밖에 없을 것입니다. 결국 이러한 것이 아이의 정서 불안정을 야기합니다. 점점 가족力이 낮은 가정이 되어가는 중인 겁니다.

아이의 부모 노릇
vs 조부모의 자식 노릇

어떤 조부모들은 자녀들이 결혼했고 아이를 낳았음에도, 여전히 늙은 자신을 더 공양하기를 원합니다. 자녀들은 부모가 되어 낯설고 힘든데, 조부모마저 전혀 자신들의 처지를 고려하지 않아서 곤란해 합니다. 이런 원가족의 개입이 가족력에 얼마나 치명적인지 살펴봅시다.

출산 전에는 친가에 다녔습니다. 그러다 임신을 했는데 어찌된 일인지 시부모님은 축하보다 '애 핑계 대고 어른들 자주 들여다보지 않으면 안 된다'는 당부를 하실 따름이었습니다. 이 말에 출산에 대한 부담이 더 커졌고, 친가를 찾기도 싫어졌습니다.

드디어 딸아이를 낳았습니다. 그런데 시부모님은 고생했다는 말보다도

'얼마나 산후 조리를 할 거니', '친정 엄마가 해 줄거지?' 같은 무심한 말로 가슴을 아프게 했습니다. 친정에서 산후 조리 중이라 친가를 찾아가지 못하니까 친정집에 찾아와 '사돈에게 대접'받고 가시는 모습을 보면서 친정엄마에게 미안하고 남편이 밉기만 했습니다. 출산 후 2개월도 채 안 되었는데, 주말이면 친가에서 불렀습니다. 몸과 마음이 회복되지 않았는데 1박 2일 이상은 부엌일을 하다 왔습니다. 모두 아이가 울면 '엄마를 찾고' 그렇지 않으면 아이는 뒷전에 있었습니다. 말로는 아이가 보고 싶다면서 막상 아이를 예뻐해 준다는 느낌보다는 가정부처럼 있다 오는 것 같아 모멸감마저 느꼈습니다. 그런 날은 집에 와서 부부싸움하고 괜히 애한테 화풀이를 하거나 멍하게 있을 때가 많았습니다.

이처럼 원가족들이 자녀에게 부모 노릇보다 '자식의 역할'을 강요하면 자녀의 가족은 불안정해집니다. 친외가 부모가 지나치게 육아에 개입하거나 아니면 '자신과의 친밀감(자신을 찾아오는 횟수)'을 더 확인하려 드는 것은 자녀 부모의 가장 큰 스트레스 요인입니다.

| 안 하니만 못한 자식 사랑 |

양가 부모가 '팔은 안으로 굽는다고' 자기 자식이 아이 때문에 고생한다고 안쓰러워합니다. 그러다 보니 '우리 딸 왜 고생시키냐, 우리 아들 왜 고생시키냐'며 간섭합니다. 때론 양가집에서 과도한 요구들(경제적 부담, 자녀의 집을 자기 집처럼 오가는 상황, 자녀들을 오라 가라 하는 것 등을 해서 자녀 부부들은 스트레스를 받습니다. 이러한 스트레스로 부부가 자기 부모를 옹호하거나 상대쪽을 비난하면서 집안싸움이 되기도 합니다. 이럴 때 부부가 어떻게 하느냐에 따라 집에 불어온 바람은 태풍이 되기도 하고, 산들바람이 될 수 있습니다.

아이와 함께 하는
'가족 기초공사'

앞서 가정 안팎의 스트레스 요인들을 살펴보았습니다. 그렇다면 이 스트레스들을 어떻게 처리해야 가족에 잠재된 힘을 키워갈 수 있을까요?

부모가 된다는 것은 집을 지을 때 기초공사를 하는 것과 같습니다. 기초공사를 튼튼히 해야 그 집이 제대로 지어질 수 있습니다. 하지만 모든 부모가 처음부터 기초공사를 잘하는 것은 아닙니다. 분명 조금씩 실수합니다.

부모가 되고 서로 아웅다웅(기쁨과 힘듦, 속상함 등등)하면서 지낼 때, 서로의 단점도 보이지만 긍정적인 변화도 생깁니다. 아이로 인해 부모가 좀 더 성숙한 어른이 되어갈 수 있다는 것입니다. 부부 관계가 건실하다면 자신의 계획과 그림대로 아이를 키우지 않습니다. 아이의 성향, 기질, 능력 등을 있는 그대로 받아들이려 노력할 겁니다. 아이를 기쁨의 존재로 받아들이려면, 즉 가족力을 키우려면 꼭 해야 할 일들이 있습니다.

생후 1~3년, 가장 중요한 목표는 안정감이다

아이가 세상으로 나오면 상당한 불안을 느낀다고 합니다. 안정한 뱃속에 있다가 다양한 자극들이 있는 곳으로 나왔으니까 말입니다. 전적으로 부모 역할이 중요합니다. 안정감은 어떻게 줄까요?

뱃속처럼 안정감을 느끼려면 많이 안아줘야 합니다. 배고프다는 신호를 보낼 때 충분히 먹여야 합니다. 내가 먹이고 싶을 때가 아니라 아이가 배고파할 때 먹여야 편안함을 느낍니다. 또한 아이를 데리고 지나치게 여기저기를 다니지 말아야 합니다. 장소의 이동이 잦아지면 아이는 스트레스를 받는다는 것을 명심하십시오.

내 아이의 신호 감지하기

더 중요한 것은 아이가 뭘 원하는지 차분히 살펴보십시오. 아이 신호를 알아채려고 노력해 보십시오. 그래야만 아이가 원하는 것을 줄 수 있습니다. 주변의 '이게 좋다'는 식의 조언들에 현혹되지 말고요.

아이에게 안정감을 주는 가장 좋은 방법은 부모를 '잘 보여주는 것'입니다. 사람을 아이에게 보여주라는 것이지요. 많은 부모들이 엉뚱하게 아이에게 사람보다는 책이나 음악, 모빌, 그림 등을 보이려고 노력합니다. 최소 3개월까지는 엄마 아빠 얼굴을 보여주는 것은 필수입니다. 아이와 소통해

보라는 것입니다. 미소와 옹알이를 받아주고, 말이 되든 안 되든 반응해 주는 것. 아이에게 엄마 아빠를 느끼게 해 주는 방법입니다.

아이가 원하는 것만 잘 파악해도 아이는 안정감을 가집니다. 어른 입장에서는 '아이가 잘 모를 거'라는 생각에 대충 넘어갈 수 있습니다. 그러나 '가정에서 느끼는 안정감'은 아이의 뇌 발달, 정서발달 등에 지대한 영향을 끼칩니다.

애착은 세상을 보는 방향을 결정한다

아이들은 최소 3년에서 3년 반 이상아이마다 조금씩 차이가 있지만 엄마의 적절한 돌봄으로 안정감을 느껴야 애착이 잘 형성될 수 있습니다. 인생을 살아가는 가장 근본을 만드는 과정이지요. 충분한 관심, 돌봄, 사랑은 아이가 안정적인 성격을 지니게 합니다. 때가 되면 부모와 분리가 잘되고, 다른 사람과 관계를 잘 맺을 수 있는 토대가 생깁니다. 애착이 제대로 되지 않을 경우 가장 두드러지는 문제는 불안입니다. 불안으로 인해 분리되지 못하면 유치원 같은 사회적응에 문제가 생기거나 짜증이 많고 잘 토라지는 성격으로 자랄 수도 있습니다. 외부를 경계의 대상으로 여길 수 있습니다. 결국, 이 시기의 부모 역할에 따라 세상을 두려움으로 볼 수도, 반대로 안정감으로 볼 수도 있습니다.

아이가 행복해 보입니까? 잘 웃고, 엄마 아빠에 대한 친밀도도 좋은가요? 다른 사람들에 대한 반응이 지나치게 친밀하거나 반대로 밀쳐내지 않는다면, 아이는 안정감이 있다고 봐도 됩니다.

당신은 이름만 '부모'인가요?

우리는 아이를 낳아 부모가 됩니다. 그런데 이름만 부모인 사람도 있고, 마음과 태도도 부모인 사람이 있습니다. 진짜 부모가 되려면 어떤 것들이 필요할까요?

임신과 출산의 과정을 함께 보기

임신 단계부터 부부가 병원을 같이 다니는 것이 좋습니다. 아빠와 엄마가 병원을 같이 다니면서 뱃속의 아이가 자라는 과정을 함께 보는 것입니다. 여자는 몸의 준비를 하면서 마음까지도 엄마가 되어가지만 남자는 이런 것들에 참여하지 않으면 아빠 되기가 쉽지 않습니다. 남자는 경험하지 않으면 '내면에 중요도'로 자리 잡지 못하는 특성이 있기 때문입니다.

부부가 같이 뱃속 아이에게 책을 읽어줘도 좋습니다. 아이의 인지적인 발달을 위해서가 아닙니다. 남편이 이렇게 10개월 동안 하면 아빠 되기가 쉽기 때문입니다. 부부가 같이 분만 호흡법을 해 봐도 좋겠지요.

부부가 출산의 고통을 함께 나누기

대부분의 예비 아빠들이 다 하고 있다고 봅니다. 그리고 출산 과정에 참여하기도 하는데 참여한 아빠들의 반응이 다르기 때문에, 아내의 고통을 보고 본인이 견디기 힘들다면 분만과정은 보지 않는 것도 좋을 듯합니다. 이러한 참여는 부모가 공동 책임으로 아이를 키운다는 생각을 만들어줄 것입니다.

육아는 반드시 부부 협동으로!

아이가 태어나면 생명의 신비감에 눈물을 흘리는 부모들이 많습니다. 이 세상을 다 얻은 것 같기도 합니다. 하지만 며칠만 지나면 육아의 고통 때문에 언제 그랬냐는 듯이 그 감정이 없어집니다. 산모는 육체적, 정신적으로 지친 상태에서 수유도 해야 하고, 아이의 이유 모를 울음에 당황합니다. 물론 초보 아빠도 마찬가지지요.

점점 아이가 내 영역을 뺏어가는 느낌입니다. 잠을 못 자고, 수시로 젖을 물리고 기저귀를 갑니다. 방도 난장판입니다. 낯선 상황이지요. 그래도 대부분의 부모들은 이러한 상황을 받아들입니다. 하지만 간혹 예민한 초보 아빠들은 아이의 울음 때문에 이때부터 혼자 자기 시작합니다. 이러다 보면 전적인 육아 참여가 쉽지 않겠지요.

　부모가 되었다면, 아이는 내 영역을 뺏는 존재가 아니라 나에게 기쁨을 주는 존재로 보아 주어야 합니다. 아이가 울 때도 잘 봐 줄 수 있다면 당신은 비범한 가족을 만드는 데 큰 기여를 하는 것입니다.

희생은 당연한 것, 더 성숙한 어른으로 거듭나기

　이때 가장 필요한 것은 내가 돌봐야 한다는 것을 받아들이는 마음입니다. 부모들이 아이를 키우면서 가장 많이 하는 말이 있습니다. '어떻게 니가 하고 싶은 대로만 하니? 세상은 그게 아니란다.' 이것을 육아에 적용시켰으면 합니다. 이제 부모가 하고 싶은 대로가 아니라 희생이 필요한 상황임을 받아들여야 합니다.

　가장 큰 부분은 부모가 '어른이 되어야 한다'는 것입니다. 자녀를 책임질 행동과 사고를 해야 한다는 것이지요. 내 욕구를 조금 미루고, 당면한 육아에 전적으로 매달릴 수도 있어야 하지요.

　구체적으로 예를 들면, 나의 취미활동도 육아를 위해 잠시 줄일 수 있어야 하고, 왕성한 사회적 활동도 휴지기를 가져야 합니다. 이것은 누구 한 사람만 그렇게 하는 것이 아닙니다. 부부 모두가 필요한 상황입니다.

　자아 계발 역시 조금 미루는 것도 필요합니다. 이것이 억울하고 손해 보는 느낌인가요? 그렇다면 당신은 아직도 부모 그늘 아래에 있는 '자녀이고 싶은' 겁니다. 너무 자녀에게 올인하지 말라구요? 자녀에게 올인하는 것이 신세대적 사고가 아니라구요? 천만의 말씀입니다.

아이에게 지금 가장 필요한 것은 부모입니다. 전적인 돌봄과 보살핌 말입니다. 이것을 하지 않고 내가 하고 싶은 일들을 병행하는 것이 올바른 것처럼 여기지 마십시오. 어쩌면 당신의 부모가 전적인 돌봄과 보살핌을 주지 않았기 때문에 당신이 그 역할을 어색해하는 것일 수 있습니다. 왜냐구요? 자녀로서 응당 받아야 할 것을 못 받고 자라면, 커서도 자녀 역할에 머뭅니다. 부모 역할을 해야 할 때조차 내가 하고 싶은 대로 하려는 모습들이 그 증거입니다.

고 학력 부모의 경우, 육아 자체를 시대에 뒤떨어진 선택으로 생각하기도 합니다. 그래서 '난 여태 배운 것을 썩힐 수 없어. 이게 부모 역할보다 더 중요해'라며 다른 사람에게 육아를 맡깁니다. 오해하지는 마십시오. 맞벌이로 인해 다른 사람에게 육아를 맡기는 모든 행위를 뭐라고 하는 것이 아닙니다. 그 내면에 깔린 마음을 보자는 것이지요. 자녀를 낳았으면, 거기에 맞는 부모 역할을 의도적으로라도 해야 합니다. 그것이 어쩌면 인격 성숙의 가장 빠른 지름길입니다.

만약 부모 역할과 내 인생이 부딪칩니까? 그렇다면 자라면서 나의 부모가 날 충분히 돌보지 못해 내게 '돌봄 욕구'가 채워지지 않았다는 의미입니다. 서로 믿고 힘이 되는 집의 부모는 부모 역할과 자신의 인생을 놓고 뭐가 더 중요한지를 비교하지 않습니다. 현재 무엇이 우선순위이며 어떤 것이 더 중요한지를 알기 때문입니다. 부모 노릇이 '선택하고 버리고'의 의미가 아닌, 어떤 것을 먼저하고 어떤 것을 지연시키는 것임을 아는 사람입니다.

육아 핵심 키워드 2가지, 도덕성 발달과 피해행동 금지

　부모마다 가치와 생각, 성향들이 다 다르기 때문에 육아에서 일률적인 규칙을 정할 수는 없습니다. 그러나 어떤 상황에서도 포기할 수 없는 육아의 마지노선이라고 할까요 것이 있습니다. 첫째는 아이의 도덕성 발달에 신경을 쓰는 것이고, 둘째는 남에게 피해를 주는 행동 금지에 대해 알려주는 것입니다.

　도덕성의 발달은 만 6세 이전에 완성되기 때문에 만약 이것에 소홀해지면, 남을 해롭게 하는 잘못을 저지르고도 죄책감이나 미안함, 불안을 느끼지 못하게 될 수 있습니다. 도덕성의 발달은 어릴 때부터 나와 남을 구분하는 데서 시작됩니다. 남의 물건에 손대지 말아야 한다는 것입니다. 이것은 도벽을 뜻하는 것이 아니라, 남의 물건을 허락 없이 'touch'하지 않아야 함을 가르치는 것입니다. 내 것과 네 것을 구분하고, 내 것이 귀한 만큼 남의 것도 귀하다는 것을 인정하고 가르쳐야 한다는 것입니다. 가르침만이 아니라 부모 역시 아이의 것물건뿐 아니라 생각, 의사표현 등을 존중해야 합니다. 이러한 존중이 도덕성을 발달하게 합니다.

남에게 피해주는 행동은 아주 일관적으로 '못하게 해야' 합니다. 놀이터에서 모래를 가지고 놀 수 있다 하더라도 남에게 던져서는 안 됩니다. 남들이 타고 있는 그네를 아이가 밀치고 타는 것도 막아야 합니다. 당연한 얘기지만 내 아이가 운다는 이유로 뺏어 태워서는 안 되고요 영화관이나 기차에서 뛰어다니는 것도 제지해야 합니다. 이렇게 보면 어른들도 참 안 지키는 것들이 많습니다.

가끔 공연을 관람수족관, 영화관, 뮤지컬, 미술전시회 등하러 가면, 엄마가 큰아이 손에 어린아이를 몇 명 붙여 안으로 들여보내는 경우를 종종 봅니다. 이 아이들이 안에서 어떻게 다닐지를 과연 엄마들이 고민해 봤을까요? 어쩌면 아이들은 뛰어다니거나 만지지 말라는 것을 만지고, 큰 소리로 떠들며 다른 사람들을 방해할지도 모릅니다. 이런 방해를 별로 중요하게 여기지 않는 부모들이 생각보다 많이 있습니다. '공공장소에서 큰 소리로 핸드폰 통화를 하거나, 음악을 듣는 행동들. 소위 우리나라 어른들이 지키지 않는 것들.' 바로 어릴 때부터 부모가 남에게 피해주는 것에 대해 일관적으로 가르치지 못했다는 것입니다.

아이가 아직 어리니까 가르쳐도 안 될 수 있고, 울 수도 있습니다. 그래도 이것은 남의 이목을 생각해서가 아니라 남에게 피해를 주지 않기 위해 반드시 가르쳐야 합니다. 우리는 남들이 뭐라고 하니까 하지 말아야 하고, 아무 말 안 하면 해도 되는 것처럼 여깁니다. 누가 뭐라고 하면 '아저씨가 이놈~ 하니까 하지 마'라며 제지합니다. '여기서는 떠들면 안 되는 거야'라고 해야 하는데요. 주변을 한 번 둘러보십시오. 어떤 행동들이 다른 사람에게 피해를 주고 있는지를 말입니다. 이것을 알고 아이에게 가르친다면, 아이는 다른 사람에 대한 기본적인 배려를 배울 수 있습니다.

| 엄마는 가정의 징검다리다 |

아이가 태어나면 아빠보다 엄마가 아무래도 육아 기술이 뛰어납니다. 아이를 안는 방법이나 목욕, 기저귀를 가는 것 등. 아빠가 서툰 모습을 보이면 엄마는 '잔소리'를 합니다. 남편을 '자식 다루듯이'하지요. 사실 남편의 서툰 행동은 노력을 하지 않아서가 아니라 지구상 많은 남자들의 공통된 특성입니다. 잔소리를 해서 얻어질 것은 없습니다. 잔소리를 하는 이유는 '어른인데 그것도 못해? 눈치껏?'이라는 마음 때문입니다. 그러나 그냥 어른이라고 다 알게 되는 것은 아닙니다. 경험해야 알 수 있는 일입니다. 부인은 어떻게 하는지 이야기해 주고, 시간이 걸리더라도 기다려 주세요. 답답하다고 화를 내고 그냥 엄마가 해 버리면 남편의 육아 기술은 늘지 않습니다. 아빠가 육아에 참여할 수 있도록 '도와 달라'고 부탁하고, 비난하지 않고 기다리는 것이 아이와 초보 아빠 사이의 징검다리 역할을 해 주는 것입니다.

육아에도 부부간 파트타임이 필요하다

앞에서 아직 부모가 되지 못하는 마음에 대해 살펴보았습니다. 부모 역할의 어려움은 그뿐만이 아닙니다. 자신이 양육을 잘 해내지 못했을 때 느끼는 지나친 부담감도 있습니다. 아이와 씨름하다 보면 지나치게 부담이 올 때가 있습니다. 도망가고 싶은 마음도 들지요. 이러한 마음은 죄책감과 속상함, 부모로서 제대로 못한다는 좌절감 등으로 더 힘들어집니다. 이럴 때 부부가 서로 쉴 시간을 만들어주는 것이 필요합니다. 재충전을 틈틈이 한다면 얼마나 좋을까요? 여러 부부가 시간 조정에 대해 의논하지만, 많은 아빠들이 직장 일을 핑계로 힘들다고 합니다.

| 부부 갈등 - 내 일이 더 힘들다고! |

자녀가 생겨서 아빠가 되었습니다. '따뜻한 엄마, 즐거운 나의 집, 휴식'을 떠올리며 결혼했건만, 직장에서 일하고 왔는데 쉬지도 못하고 또 뭘 하라니. 정말 짜증이 납니다. 친구네 집은 남편에게 부담주지 않는다는데 왜 우리 마누라는 이것저것 시키고 안 해 주면 짜증을 부릴까요? 집에 안 들어가고 싶습니다. 내가 원하는 집이 아니니까요.

혹시 '어른이면서 아직도 자식처럼 굴고 싶은 마음'이 있지는 않은지요. 그렇다면 아빠 역할은 부담 그 자체일 것입니다. 이런 사람에게 '아이 좀 맡아줘'는 끔찍한 말입니다. 어떤 집은 죽네 사네 싸우고 나서 아내가 상처 투성이 휴가를 받기도 합니다. 시댁 역시 '내 아들을 쉬게 만들어줘야지. 힘들게 하지 마라'며 아내에게 압박을 줍니다.

부부 두 사람의 아이입니다. 내 일이 더 많고 힘들다는 말 자체가 '난 부모가 되기보다 아들이고 싶어'와 같은 말입니다. 나의 이 마음이 성숙하지 못한 마음이라는 것만 알아도 변화는 있습니다.

돌 전의 아이를 아빠에게 맡겨 보십시오. 5분 정도 쳐다보다가 TV를 보거나 딴 일을 하고 있을 것입니다. 두 돌이 지난 아이를 아빠에게 맡겨 보십시오. 5분 정도 같이 놀다가 TV를 켜 놓고 자고 있을 것입니다. 세 돌 지난 아이를 아빠에게 맡겨 보십시오. 가게에 들러서 먹을 것을 사 가지고 10분 이내에 집으로 올 것입니다. 유치원에 다니는 아이를 맡겨 보십시오. 공놀이를 하다가 30분 내에 들어올 것입니다. 시간이 조금 늘어나는 것은 아이가 들어가지 않겠다고 떼를 쓰기 때문입니다 아빠는 왜 아이를 제대로 못 돌볼까요? 왜 귀찮아할까요? 그건 육아가 아내 일이어서입니까? 아니면 정말 피곤해서 놀아줄 수 없어서인가요?

위의 모든 것들은 표면적인 이유입니다. 우선 아버지의 마음이 없기 때문이지요. 이것은 책임에 대한 생각이 없기 때문에 내 일이라는 생각이 들지 않는 것입니다. 만약 아이를 돌보는 것에 충족감이 있으면 충분히 돌봐주었을 겁니다. 그렇지 않기 때문에 나 대신 돌봐줄 사람을 찾는 것입니다. 그러다 보니 아이 파악이 힘들어져서 어떻게 돌봐야 할지 모르고 귀찮기만 합니다. 그래서 때우려는 태도를 보일 수밖에 없습니다. 이것을 일로 생각하니 부담이 되는 것입니다.

부모와 소통하는 기쁨을 누린 사람은 아이와도 소통하는 기쁨을 나눌 수 있습니다. 이 기쁨을 누리기 힘들다면 내 부모와 나눔이 적었다는 증거입니다. 왜 난 아이 보기가 힘든지를 고민해 보십시오.

비범한 가정은
결코 성급해하지 않는다

　　아이의 발달 정도를 제대로 파악해서 맞추어 주다 보면 엄마 아빠 역할은 조금씩 쉬워집니다. 물론 누구는 더 잘할 수 있고 못할 수 있습니다. 이것은 능력보다 '내가 자라면서 부모와 얼마나 좋은 관계를 갖고 적절하게 받아들여졌느냐'에 달려 있습니다. 부모가 충분히 돌보아주었다면 나도 부모로 독립이 가능합니다. 만약 그렇지 못하다면 생각보다 내가 부모님께 돌봄과 수용을 충분히 받지 못했을 가능성이 있습니다.
　　가족이라는 울타리는 내 생각을 좌우합니다. 내 가치와 사고를 결정짓기도 하지요. 어떤 가족에서 어떤 경험을 했느냐가 내 육아의 방향을 결정지을 수 있습니다.

| 공부, 과연 일찍 시작하는 게 맞을까? |

요즘 부모들은 아이를 충분히 돌보고 수용해주는 환경보다 '교육적 발달'에 치중해온 가정에서 성장한 세대입니다. 그러다 보니 아이의 인지적인 발달에 민감합니다. 가장 민감한 시기가 바로 초등학교 저학년 때까지입니다. 엄마 아빠 모두 아이에게 교육적 자극을 주는 걸 중요하게 생각합니다. 아빠가 아이와 놀아주면 엄마는 '책 좀 읽어줘라. 아무 생각 없이 놀아 주냐'고 핀잔합니다. 유치원 교재 하나하나에도 신경 쓰고, 어떻게 교육할지를 부모가 공동으로 나누길 원합니다. 그러다 보니 교육에 대한 부부 갈등도 생깁니다.

아이의 인지적인 발달도 중요합니다. 하지만 부모가 거기에 목적을 둔다는 건 자신이 부모에게 충분히 보살핌을 받지 못했다는 뜻도 됩니다. 실제로 자신의 부모에게 공부로 인정을 받은 것을 사랑받았다고 여기는 부모들도 많습니다.

아이들이 걷기 시작하면서부터는 정말로 많은 운동량이 필요합니다. 이때는 필수적으로 바깥 활동을 매일 몇 시간이고 해야 합니다. 해도 그만 안 해도 그만인 선택사항이 아닙니다. 바깥 활동은 신체적인 균형을 잡아주고 대근육, 소근육의 발달을 잡아줍니다. 바깥에서 놀다 보면 사회성도 키우고, 몸을 쓰는 놀이도 마음껏 할 수 있습니다. 일부러 돈을 주고 운동을 시키지 않아도 말입니다. 게다가 지적 능력에도 영향을 줍니다. 요즘 많은 아이들이 운동량이 적어서 지적 발달의 불균형이 생깁니다. 이러한 지적인 불균형 때문에 '행동이 어눌하고, 야무지지 않는 동작과 생각의 폭이 좁아져서' 상담소를 찾는 경우도 많습니다. 바깥 활동이 100% 원인은 아니지만 사회성의 문제나 눈치 없는 행동, 학습 장애까지도 영향을 끼칩니다.

| 탁아시설에 일찍 보내도 될까? |

아이를 왜 시설에 빨리 보내고 싶을까요? 직장이나 건강상의 이유로 보내는 것은 어쩔 수 없지만, 육아 부담에서 벗어나기 위해서라면 결과적으로 오히려 엄마에게 부담스러운 기간이 더 늘어날 수 있습니다. 아이를 시설에 너무 일찍 보내면 엄마에게 충분한 보살핌을 받을 기회를 박탈하게 되니까요. 이 부족한 기회를 뒤늦게 채우기 위해서는 더 큰 보상과 희생이 따르게 됩니다.

| 부모 노릇은 인스턴트가 아니다 |

아이의 속도를 진득하니 기다리면서 키운다는 것이 쉽지 않습니다. 첫아이일 경우는 더하지요. 빨리 컸으면 좋겠다는 생각이 하루에도 몇 번씩 듭니다. 지겹고 힘들어서 말입니다. 만일 자신도 부모로부터 충분한 보살핌을 받지 못했다면, 아이에게 어떤 노력을 하고 나서 금세 그 '결과'가 나타나길 바라게 됩니다. 무척 성급하다는 것이지요,

<u>부모 노릇은 인스턴트가 아닙니다. 느림의 미학이 깃든 과정입니</u>

다. 그냥 물의 흐름을 천천히 따라가는 것입니다. 내가 노를 저어서 얼른 빨리 가야 하는 것이 아닙니다. 그런데 나의 노력 여하에 따라 아이가 달라진다고 생각하는 부모들이 의외로 많습니다. 그러다 보니 내 노력에 대한 보상을 끊임없이 체크합니다. 하지만 아이는 쉽게 달라진 모습을 보이지 않습니다. 결국 부모는 눈에 보이는 결과를 얻는 쪽으로 선회합니다. 정서적인 안정감보다 인지적인 발달에 더 매진하게 되는 것입니다. 정서적인 부분은 노력해도 잘 보이지 않지만 숫자나 글자, 영어는 가르치면 아는 것이 보이거든요. 그러면 부모 노릇을 제대로 한 기분이 들어 뿌듯함을 느낍니다.

사실 이런 마음은 '인정받고 싶은 마음 때문에' 생깁니다. 앞에서 '인정받고 싶은 마음'은 '아버지의 인정을 원하는' 마음이라고 했습니다. 부모에게 인정을 충분히 받지 못한 사람들은 부모가 되면 인정받는 상황을 원하고 그렇게 행동합니다. 아이 입장에서 보면 자연히 성급한다그치는 상황이 되는 것입니다.

하나의 울타리를
만드는 작업

어느 시기든 부부가 양가 부모의 영향력에서 벗어나기는 힘듭니다. 하지만 양가 부모의 요구가 우리집의 울타리를 무너뜨리고 가족의 존립에 영향을 준다면 그 요구를 어떻게 처리할지 심각하게 고민해 봐야 합니다. 부부가 자기 부모에게서 떨어져 나오는 시점은 사실 결혼했을 때여야 하지만, 우리나라 문화상 쉽게 되지는 않습니다. 친가외가가 분리되어 자신의 집을 '우리집'으로 받아들이는 때는 첫아이가 초등학교 2, 3학년 정도인 시점입니다. 즉, 부모 노릇을 한 10년 정도 겪은 시기입니다. 아이가 생기고 부부가 부모로서 자기 가족을 챙겨야 한다는 생각이 들면서 이루어지지요.

| 부부는 자기 집안 대표선수가 아니다 |

혹시 부부가 자기 집안을 대표하는 선수처럼 편들고 싸우고 있나요? 이것은 자신의 옛집(양가)도, 새집(새로운 가족)도 모두 지키지 못하는 결과를 가져옵니다. 편을 가르는 순간부터 상대방을 상처 내려고 별 수단을 다 쓰기 때문입니다. 내가 자라온 집을 보호하는 것이 나를 보호하는 것이라 여기지만 보호 본능이 강해지면, 서로 '당신 집은 도대체 어디야'란 생각에 서운해집니다. 상대방이 자기 집을 포기하고 내 말을 들어주길 원합니다.

떠나온 집을 그리워 할 수는 있어도 새로운 둥지를 만든 이상 여기에 충실해야 합니다. 부부 각자가 자신의 집으로부터 배우자를 보호해야 한다는 것입니다. 집안일이 있을 때, 양가 부모보다 우선적으로 부부가 함께 의논하고 방향을 결정할 수 있어야 합니다.

한 예로, 시누이(혹은 처가에서)가 돈이 필요하다고 자기 오빠에게(혹은 내 남편, 내 부인) 부탁했습니다. 아내는 몇 달이 지난 후에야 남편이 시누이에게 돈을 준 것을 압니다. 그러면 아내는 배신감을 느낍니다.

아내(남편)가 모르는 집안일들을 남편(아내)이 아닌 시댁(처가)을 통해서 듣는 일이 잦아지면 아내는 기분이 상할 수밖에 없습니다. 이러한 상황이 오래 되면 우울증, 울화증까지 와서 부부 관계는 물론 아이 양육에도 영향을 줍니다. 당연히 부부가 싸울 때마다 단골 메뉴로 등장합니다.

가족力이 탄탄한 집이라면, 시누이가 이런 요구를 해도 남편은 '먼저 아내와 의논해 보겠다'고 답할 것입니다. 처음에는 이런 태도가 동생에겐 '오빠를 뺏긴 느낌' 같겠지만, 그것은 동생이 처리해야 할 감정이고 받아들여야 하는 상황입니다. 이런 대응이 지나친 간섭을 막고, 서로 조심하게 만들어줍니다.

가족의 주체는 부부입니다. 부부가 '우리 가족을 우선 고려하면서' 결정해야 합니다. 각 집에서 오는 비난들도 각자 차단할 수 있어야 합니다. 상대방의 편이 충분히 되어 주고 있습니까? 그렇다면 가족은 어려움이 오더라도 서로를 의지하면서 견딜 힘을 기르고 있는 것입니다.

부부가 서로의 편이 되어 주면, 갑작스럽게 어려운 일들이 생겨도 힘을 합칠 수 있습니다. 반대로 서로의 편이 아닌 자기 집안의 편이면 어려운 일이 생길 경우 쉽게 와해됩니다.

가정 내부에서 오는 스트레스성장에 따른 스트레스는 부모와 자녀 관계가 돈독해지면 수월하게 넘어갑니다. 가정 외부에서 오는 스트레스들을 잘 극복하려면 부부가 서로의 편이 되고 돈독한 관계를 유지하는 것이 꼭 필요합니다.

PART 03

당신이 원하는 자녀 숫자의 의미

아이를 위한 형제인가, 나를 위한 형제인가?

지금, 대한민국에서
아이 둘 이상을 키운다는 것

앞서 가족은 1+1=2가 아니라 1+1〉2라고 말했습니다. 가족이 느는 것이 단순히 한 명 더 는다는 개념이 아닙니다. 어른들이 말하듯이, 아이가 자기 먹을 것을 타고 나고 밥상에 숟가락 하나만 얹어 놓으면 되는 '단순한 상황'은 결코 아니라는 것입니다. 요즈음 부모들은 더 실감할 것입니다. 교육비를 머릿속으로 계산하다 보면 아이를 더 갖는 것은 무모한 모험처럼 보입니다. 아이가 더 생기는 건 지출이 늘어나는 것뿐 아니라 양육 상황이 더 복잡해진다는 것입니다. 하나일 때는 외출이나 외식도 쉬웠지만 둘 이상이 되면 큰 결심을 해야 하지요. 물론 적응되면 조금씩 익숙해질 것입니다. 그렇다고 스트레스가 쉽게 없어지는 건 아닙니다. 어떤 부모는 그 어떤 때보다 형제들이 싸우는 상황이 제일 견디기 힘들다고 합니다. 맞습니다. 사실 이것이 이 단계의 가장 큰 해결 과제이기도 합니다.

만일 이전의 시기 과업을 잘 완수했다면 가족의 힘이 단단해지면서 부모, 부부 역할에 안정감이 생길 것입니다. 부부의 결속력이 좋아지고, 아이들을 키우는 재미가 쏠쏠할 것입니다. 집에 와 아이만 쳐다봐도 피곤이 풀리는 아빠, 아이와 재미있게 놀아주는 엄마……. 서로 믿음과 지혜가 쌓여 왔다면 이런 그림이 펼쳐질 것입니다. 슬슬 둘째 아이를 계획하는 때가 이 시기이지요. 이 시기에는 어떤 스트레스 요인들이 있을까요?

숫자가 늘어나는 것 이상의 육아 부담

옛날에는 많은 자녀들을 키웠습니다. 그래서 한 명이 늘어나는 것을 밥상에 숟가락 하나 없는 정도로 표현했습니다만, 지금은 둘, 셋이 되는 것이 숫자 이상의 부담입니다. 경제적인 면, 육체적인 면에서 더 빨리 지치게 되지요. 더 잘 키우려는 마음 때문인지도 모르겠습니다. 어쨌든 둘째 출산은 부모뿐 아니라 첫아이에게도 스트레스가 됩니다.

부모의 자기편 가르기

부부 관계가 썩 좋지 않은 집이 있습니다. 그런 집들은 자신의 세력을 넓히기 위해 자녀를 자기편으로 삼기도 합니다.

한 집에 형이 엄마를 많이 닮았습니다. 동생은 아버지를 닮고요. 그런데 아버지가 형을 구박하니까 엄마는 동생을 구박했습니다. 아버지가 일

쩍 돌아가셨습니다. 결국 동생은 지속적으로 미움을 받다가 결혼 후 부인까지도 어머니의 미움의 대상이 되었습니다. 어머니는 동생에게 이것저것 요구만 하고 좋은 것은 형에게만 줍니다. 엄마에게 인정받고 싶은 동생은 묵묵히 참고 열심히 엄마의 요구를 들어줬습니다.

중요한 것은 이 가정에서 자란 둘째가 두 아이를 둔 아빠가 되었을 때 자기 부모와 다르게 하려고 큰 아이보다 둘째를 더 신경 썼다는 겁니다. 결국 같은 모양새가 반복되었지요.

경제적인 부담
요즘 물가가 워낙 비싸서 분유나 기저귀 값, 육아용품 등 육아에 들어가는 돈이 가계에 부담이 많이 됩니다.

직장일과 육아를 위한 시간 배분의 어려움
이때 부모가 30대, 늦으면 40대 초반일 겁니다. 직장활동을 가장 왕성하게 하는 때지요. 승진도, 사회적인 관계도 신경 써야 합니다. 한편 부인도 아이 둘을 키우기가 힘겨운 때입니다. 부인은 남편의 처지를 알면서도 도움을 요청하게 되고 남편은 이해 받지 못했다고 서운해 합니다. 맞벌이의 경우, 엄마는 슈퍼우먼이 되어야 해서 이도 저도 제대로 못해 결국 자책감이 생깁니다. 은근히 아내에게 '누가 당신 보고 일하라고 했어?' 같은 어중간한 태도로, 육아까지 완벽하길 바라는 나쁜 남편들도 있습니다.

친(외)가 어른의 죽음

죽음의 시기가 정해진 건 아니라 이것이 이 시기만의 스트레스 요인은 아닙니다. 하지만 갑자기 주변의 죽음을 맞닥뜨리면 여태까지 지닌 '억울함, 분노, 속상함, 미련, 아쉬움' 등의 감정이 폭발하면서 견디기 힘들어집니다. 부모의 죽음은 더합니다. 부모의 죽음을 받아들이지 못해 '심각한 우울감'을 보여 가족의 위기가 생길 수 있습니다. 아이 양육이나 부부 관계에 신경 쓰지 못하고 자신의 감정에 휘말려서 지내기 때문이지요.

죽음을 받아들일 준비가 안 되었다는 것은 부모와 건강한 분리가 되지 못한 이유도 있습니다. 대체로 정상적인 사람들은 3개월~6개월의 애도 기간이 있고, 3년 정도 심리적 슬픔이 내재되어 있습니다. 보통 이 이상의 우울감이 지속되면 전문기관의 도움을 받는 것이 좋습니다. 이 애도 기간 동안 마음껏 슬퍼하고, 참지 않아야 회복에 나을 것입니다.

친척의 어려움을 떠안는 상황

간혹 친가외가의 사정으로 조카를 돌봐줘야 하는 상황도 생깁니다. 그럴 때 우리 아이와 조카들을 돌보면서 겪는 갈등도 상당합니다. 그러다 보면 조카들은 '보호받지 못해' 서운한 감정을 갖고, 우리 애들은 불평을 토로합니다. 결국 온 식구들이 스트레스를 받아 예민해집니다.

잘 돌보지 못할 것 같으면 맡지를 말거나, 제한적으로 도움을 줘야 합니다. 어영부영하다 보면 온 식구들에게 문제가 생길 수도 있습니다.

자녀 숫자에 담긴 진실

요즘 결혼 시기가 너무 늦어져 자녀를 낳지 않거나 1명만 낳는 경우가 많습니다. 하지만 종종 결혼 시기가 늦더라도 자녀를 많이 낳는 부부도 봅니다. 이처럼 아이를 몇 명 낳는지 정하는 데에 부모의 내면이 드러납니다. 한 자녀 혹은 다자녀를 선택하는 부모의 마음에는 어떤 진실이 들어 있는 것일까요?

| 한 자녀와 다자녀는 부모 그릇에 달렸다? |

우리는 종종 자녀를 여러 명 낳는 부모들은 양육 됨됨이가 그만큼에 맞기 때문이라고 오해합니다. 물론 여러 명을 감당할 그릇이 되는 부모도 있습니다. 하지만 자녀의 숫자를 결정하는 데는 그보다 심리적인 이유가 크게 작용합니다.

　자녀를 1명 혹은 소수를 고집하는 경우, 어쩌면 부모 자신이 어렸을 때 많은 식구들로 인해 충분한 관심과 사랑을 받지 못한 뼈아픈 경험의 결과일 수 있습니다. 맏이로서 부모역할을 하며 동생을 돌봐야 했을 경우 형제가 많다는 것은 재앙입니다. 혹은 둘째여서 존재감 없이 늘 두 번째로만 머물렀을 수도 있지요. 혹은 '난 애를 싫어해서' 돌보는 부담 때문에 하나만 낳겠다고 정했을 수도 있습니다. 경제적인 이유도 있습니다. 하나만 낳아 부족함 없게 키우겠다는 의도도 있습니다만, 여기에도 아이를 책임져야 한다는 부담이 작용합니다. 과연 경제적인 여유가 얼마나 되어야 한 아이 이상을 키울 수 있을까요? 사실 돈의 문제가 아닐 수 있습니다. 오히려 부유한 집에서 한 아이만을 고집하는 경우가 많으니까요.

　여러 자녀를 낳는 경우에도 다양한 심리적 이유가 있습니다. 풍요로움에 둘러싼 느낌을 원해서일 수도 있습니다. 다자녀를 능력의 상징처럼 여기기 때문도 있고요. 보험의 성격도 있습니다. 부모가 늙었을 때 기댈 대상이 많다는 것. 이것은 미래의 준비이기도 합니다.

　결국 자녀 숫자는 내 마음이 흡족한 정도에 따라 판가름합니다. 표면적으론 아이를 위해서지만, 사실 부모 마음에 있는 이기심의 표현인 것이지요. 왜 이기심의 표현이냐구요? 내 경험의 산물이기 때문입니다. 아이들이 겪을 경험이 아니라 나의 경험, 내 부모 경험의 산물이기 때문이지요. 물론 아이들에게 좋은 환경인지를 따져보면 둘 다 장단점이 있습니다.

다른 자녀로 인한 불만이 없도록 한 자녀를 고집한다고 해 봅시다. 아이는 부모의 관심을 독차지할 수 있지만, 친구를 만나지 않는 한 형제관계에서 얻는 관계의 재미를 못 느끼고 혼자서 외로울 수도 있습니다.

다자녀의 경우, 아이들끼리는 서로 재미있게 지낼 수 있지만 한편으론 부모에게 세심한 관심을 받지 못할 수 있습니다. 여러 명 중 한 명으로 치부되기 때문입니다. 아이들이 겉으로 강하게 자신을 표현하지 않는 한 부모의 시선을 사로잡는 아이에게 관심이 더 집중된다는 것입니다. 게다가 다자녀 부모의 특성 중 하나가 바로 '무던함'입니다. 이것 때문에 다자녀를 키울 수 있습니다. 하지만 이 무던함이 아이에게는 무딘 무관심으로 비춰질 수 있습니다.

종종 다자녀 부모들이 큰 아이에게 부모 역할을 맡기는 경우를 봅니다. 물론 서로 도와야지요. 하지만 이러한 상황을 자녀의 위치가 아닌 부모 역할로 맡깁니다. 이를 통해 아이에게 너무 성급하게 어른 역할로 기대하게 됩니다. 아이가 아이다움을 누리지 못하면 어른이 되어서도 아이처럼 행동합니다. 다른 사람들이 날 돌봐주길 원하고, 그렇지 않을 때 상처를 많이 받는다는 것입니다. 다자녀의 경우, 큰 아이들이 육아의 부담을 떠안는 것은 고민해 봐야 합니다.

| 부모의 만족을 위한 도구는 아닌지? |

'학령 전기까지 아이는 부모에게 모든 것을 다 준다'고 합니다. 웃음과 기

쁨, 부모의 존재감, 슬픔, 인내 등을 말입니다. 아이는 학교에 가기 전에 이미 할 일을 다 한 것이지요. 그 이상을 원하는 건 부모 욕심이며 만족입니다. 본의 아니게 자식을 내 욕구 충족의 도구로 만들 수 있다는 것입니다. 자녀가 뭔가 잘해서 남에게 '잘 키웠다'는 소리를 듣고 싶습니까? 이것은 '내면의 아버지'가 부족하단 뜻입니다. 인정받고 싶어 하는 마음 말입니다. 노년에 아이가 효도하길 바랍니까? 이것은 보험의 성격이 짙습니다. 정말 아이를 인격체로 생각한다면 이러한 바람은 너무나 이기적입니다.

    자, 생각해 보십시오. 나는 아이를 마음속 어떤 자리에 두었는지 말입니다. 둘째를 가질 계획이라면 임신 때부터 첫아이와 관계를 위한 설명을 아이에게 해두어야 합니다. 둘째를 가지려는 이유가 무엇입니까? 혹시 첫아이에게 알게 모르게 기대하는 마음은 없는지 살펴보십시오. 형제끼리 있으면 막연히 둘이 알아서 잘 놀 거라는 기대는 없습니까? 아니면 첫아이를 제대로 못 키운 듯해 '제대로 한번 해 보기 위한' 생각은 아닙니까? 이것이 잘못되었다는 말을 하려는 것은 아닙니다. 하지만 이런 의도라면 육아의 방향이 전혀 엉뚱하게 나갈 수 있으니 생각해 보았으면 합니다.

만만치 않은 아이들의 관계 맺기
- 첫아이, 늦둥이, 연년생

둘째가 태어나면서 이제 식구가 늘어났습니다. 열 손가락 깨물어도 안 아픈 손가락이 없다고 합니다. 그러나, 물론 안 아프진 않지만 덜 아플 수는 있습니다. 나는 형제 중 몇 번째였습니까? 부모가 나를 어떻게 대했습니까? 형제 사이에서 어떤 위치에 있었나요?

| 첫아이는 어른이 아니다 |

누구나 첫아이와는 어설픈 관계로 시작합니다. 처음 하는 부모 역할에 시행착오를 겪으면서 진짜 부모가 되어갑니다. 둘째가 생기고 나면 좀 더 능숙해집니다. 아빠들도 둘째 아이 때 더 아빠다워지고요. 그러다 보면 이

러한 시행착오로 인해 부모와 아이의 정서적인 관계에서 형제간에 질적인 차이가 납니다. 첫아이는 모든 신경을 다 썼지만 의무감이 컸고, 둘째는 별로 해 주는 것은 없지만 마냥 예쁘기만 합니다.

한편 부모의 자란 환경도 영향을 끼칩니다. 부모가 큰아이로 자랐을 때, 분명 커다란 부담을 느꼈을 겁니다. 집안의 기둥장남, 살림 밑천장녀의 의미로 불편한 기대를 받았지요. 부모를 대신해서 동생들도 돌봐야 했습니다. 동생들이 잘못하면 대신 야단맞기도 했지요. 심지어 어떤 집은 동생 성적이 나빴는데 첫째가 야단을 맞았다고 합니다. 사실상 부모에게 관심보다 의무를 더 받았던 셈이지요. 그러다 보니 자라면서 누군가에게 받기보다 주고, 맞추는 데 익숙해졌습니다. 부모에게 받은 편안하고 충분한 사랑의 바탕이 없었다는 것입니다. 부담이 사랑은 아닙니다. 그런데 부담스러운 관심을 사랑이라 많이 착각하지요. 이렇게 자란 부모들은 첫아이와 관계를 어떻게 맺을까요? 경험한 대로 맺습니다. 어떤 사람은 첫아이의 마음을 지나치게 헤아리면서자신처럼 사랑을 집중합니다. 둘째에게 첫째를 대접하라고 요구합니다. 큰아이를 힘들게 만들까 봐 신경을 많이 쓰지요.

반대로 나 역시 그래왔기 때문에 첫아이에게 자연스럽게 어른스러움을 요구하는 경우도 있습니다. 큰아이가 몇 살이든 동생에게 양보하고 어른처럼 굴기를 바랍니다. 그러다 보니 큰아이는 여러 형태로 시샘을 보이지요. 그 결과 야단맞고 혼나는 일이 잦아집니다. 결국 큰아이와 부모는 관계가 자꾸 비뚤어집니다. 부모는 '첫째가 왜 이렇게 말을 듣지 않는지 모르겠다'는 말을 자주 내뱉게 됩니다. 이러다 보니 작은아이는 말도 잘 듣고 예쁜 짓을 잘하는 것만 같고요. 부모가 큰아이에게 양보심과 배려심을 요구하는 것은 '나중에 네가 우리 집 부모 역할을 해야 한다'는 뉘앙스를 알게 모르게 전합니다. 아이가 자라면서 부모들은 자신의 구미에 맞는 자식에게 자신의 미래를 책임 지우려 합니다. 효도를 원하는 자식이 따로 있는 것이지요. 자식이 몇 명이든 부모 마음에는 의존하려는 자식과 보살펴줄 자식이 정해져 있습니다. 자녀 입장에서 보면 왜 누구에겐 끝까지 의무를 바라고, 누구에겐 끝까지 사랑을 주냐고 불평하게 됩니다. 두 아이를 키울 때 이런 마음이 있을 수 있음을 고려해 보십시오.

｜ 늦둥이도 부모의 자식이다 ｜

만일 늦둥이를 생각해 보고 있다면, 선택에 앞서 자기 마음을 세심히 살필 필요가 있습니다. 첫아이를 키우고 어느 정도 마음의 여유가 생깁니다. 이런 여유로 자신이 부모 노릇을 할 수 있을 것 같다는 생각이 들 수 있습니다. 정말 아이를 위해서, 늦둥이를 원한다면 이 아이를 내가 책임질 수 있을지 엄중히 고민해 보시길 바랍니다. 상담하다 보면 많은 부모들이 늦둥이를 낳기만 하고 큰아이들이 키우는 경우를 허다하게 봅니다. 늦둥이를 낳을 무렵이면 부모 모두 라이프스타일이 정해져 있기 때문에 다시 육아에 매달리기엔 몸과 마음이 따라주지 못하는 경우가 많기 때문입니다. 그래서 그냥 내 마음 가는 대로만 예뻐하고, 아이 발달 흐름에 맞추어서 충분한 관심과 사랑을 못 주게 되지요. 부모의 판단력이 흐려져 조부모의 마음이 되어 늦둥이를 과잉보호하는 경우도 많습니다.

혹시 내 즐거움을 위해서 늦둥이를 원하지는 않습니까? 집안 분위기가 좋아지라고 말입니다. 가장 중요한 것은 아이에게 얼마나 도움이 되는지가 고려되어야 합니다.

당연한 말이지만 늦둥이도 부모의 마음으로 보살펴줘야 합니다. 어쩌면 아이를 더 편안하게 키울 수도 있습니다. 나이가 든다는 건 부모인 내가 더 성숙해 있을 가능성도 높여주니까요. 이 성숙을 자녀 양육으로 옮겨보십시오. 큰아이 때 했던 실수들을 만회하고, 부모 역할을 자신이 다 맡으려 해 보십시오. 나이가 많아서 힘들다고 부정적 주문을 걸지 마세요. '더 성숙했으니까 더 잘 키울 수 있다'고 긍정적 주문을 걸어보십시오.

| 고작 한 살 차이일 뿐인 연년생 |

연년생은 부모가 '고생을 몰아서 하니까 차라리 편하다'고 생각하는 부모도 있습니다. 사실 쌍둥이와 별반 다르지 않은 상황입니다. 혹여 큰아이에게 어른 역할을 요구하기 쉬우니 이것을 조심해야 합니다. 특히 둘째로 자란 부모이면 매번 자기 형제언니 오빠보다 뒷전에 밀렸다는 감정 때문에 동생을 무척이나 감쌉니다. 반면 큰아이의 사소한 실수에도 분노합니다. 겉으론 큰아이 노릇을 하라고 하지만, 글쎄요. 큰아이가 아이처럼 보이면 과연 그렇게 대할까요? 아이가 나의 예전 경험에서 뭔가를 떠올리게 해서 그런 것 아닐까요?

한 살 터울도 부모 눈에는 무조건 큰아이로 보입니다. 연년생의 아이를 볼 땐 큰아이를 큰아이로 보지 마시고, 작은아이 수준으로 낮추어 생각하십시오. 퇴행을 하기 때문에 수준은 비슷할 수밖에 없습니다. 그래야 커가면서 생기는 형제관계의 다툼을 근본적으로 막을 수 있습니다.

아빠와 딸, 엄마와 아들
- 그 미묘한 관계 차이

　　희한하게도 아들, 딸에 대한 감정은 부모의 경험에 따라 달라집니다. 자기 엄마, 아빠를 어떤 이미지로 느끼느냐에 따라 자신의 아들과 딸을 대하는 느낌도 다릅니다. 아주 편안할 수도 있고, 불편할 수도 있습니다. 아빠와 불편한 사람들은 아들과의 관계도 힘들어합니다. 아니 남자들과의 관계가 불편합니다.

　'아버지는 말수는 적은 편이었는데, 화를 자주 냈어요. 우리가 잘못이나 실수를 하면 야단을 많이 맞았죠.'
　'아버지는 엄마와 이야기하는 걸 좋아했어요. 두 분 사이가 좋으셨죠. 그런데 내가 두 분이 이야기하는 데 가면 '어른들 이야기할 때 끼지 마라. 저

리 가서 놀아!'라고 하셨죠.'

　아빠가 자식에게 별 관심을 보이지 않고, 엄마하고 이야기하느라 자식들이 곁에 오는 것을 달가워하지 않았다면 이 자녀들은 아빠를 뭔가 뺏어가는 사람으로 인식합니다. 아빠, 즉 남자는 편한 사람이 아니지요. 이 관점이 자기 아들 혹은 주변 남자와의 관계에도 영향을 줍니다. 심리적 저변에 깔린 '남자는 나와 경쟁자'라는 생각 때문에 아들의 행동이 점점 거슬리게 되는 것이지요. 자신이 아빠라는 위치를 잊고 말입니다. 부인을 차지하려고 아들과 경쟁하기도 합니다. 물론 아들이 지긴 하지만 아들은 틈틈이 문제 행동으로 신호를 보내지요. 그러다 보니 아빠는 아들의 행동을 더 민감하게 봅니다. 사소한 실수에도 심하게 야단칩니다. 딸은 그냥 넘어가면서 말입니다.

　이런 가정에서 자란 아버지는 부인이나 딸을 친밀한 존재로 받아들이지만, 아들은 자신의 말을 잘 듣지 않으면 미움의 대상으로 보게 됩니다. 아버지를 향한 미움이 아들에게 전가되는 것이지요.

　또 무능한 아버지와 형제를 둔 부모는 아들을 보면서 불안에 휩싸입니다. 자기 앞가림조차 못하면 어떡하나 하는 생각에 아들이 조금만 부족해도 이것을 성급하게 고치려 합니다. 그러다 보면 자연히 관계가 좋을 수 없고, 결국 아이는 자신감이 없어지게 됩니다.

　그러면 딸은 어떤 존재로 여겨질까요? 만일 자신의 엄마가 잘 돌봐주고, 좋은 이미지였다면, 딸은 점수를 거저 땁니다.

'우리 엄마는 여장부예요. 일 처리도 잘했지만 집에서 목소리도 아주 컸어요. 결정권이 엄마에게 있었지요. 무섭기도 했구요. 엄마의 말을 듣지 않으면 난리가 나요. 그래서 엄마 눈치도 많이 봤어요.'

'우리 엄마는 매일 놀러 다니셨어요. 시간만 나면 동네 아줌마들이랑 화투나 치고……. 우릴 조금도 챙기지 않았어요.'

자기 엄마의 이미지가 부정적이면 남자의 경우 부인과의 관계가 힘들 수 있습니다. 자기 엄마처럼 애를 제대로 돌보지 않을까 봐 부인을 의심하지요. '애를 제대로 돌봐라'는 말에는 '나를 잘 돌봐 달라'는 마음이 깔려 있습니다. 자기 엄마에게 받지 못한 것을 받고 싶은 마음의 표현이지요.

자기 엄마의 이미지가 부정적이었다면 딸과도 관계가 힘들어집니다. 사소한 일에 대한 화를 내고, 딸의 말이 잔소리로 들리기도 합니다. 부모들은 자녀들을 보면서 자신의 어릴 적 결핍된 감정들이 드러납니다. 자신의 엄마에 대한 부정적 감정이 딸에게 옮겨진다는 것입니다.

정반대의 경우도 있습니다. 엄마들의 경우 딸을 통해서 친밀감을 보상받으려 합니다. 그러다 보면 친구 같은 딸이라고 좋아하지만, 아이가 성장할수록 엄마의 마음은 더 의존하려 들 것입니다.

우리가 부모를 선택할 수 있는 게 아니기 때문에 원치 않은 부모상을 가질 수밖에 없습니다. 중요한 것은 여성이나 남성에 대한 내 관점을 아는 것입니다. 그래야만 엄마상, 아버지상에 대한 감정이 자녀들에게, 이성에게 옮겨지지 않을 테니까요.

가족의 힘이 뛰어난 집에서는 자신을 돌아봅니다. 내가 보지 못하는 것을 배우자가 지적해주면 잘 받아들이려 합니다. 왜냐구요? 부모에게 독립한 어른으로 상황을 보기 때문입니다. 마찬가지로 가족의 힘이 뛰어난 집에서는 아들이나 딸을 구분해서 키우지 않습니다. 아이 고유의 성향과 기질, 욕구에 적절하게 반응할 뿐이지요.

| 누구를 닮았나? |

바람을 피운 아버지를 둔 사람은 아버지의 이미지가 최악입니다. 그런데 우리 아들이 아버지의 얼굴을 닮았다면? 이것은 큰 형벌입니다. 아버지와 닮은 행동들이 보이면 미움이 더 커집니다. 우리 아버지가 아니라 배우자의 아버지여도 마찬가지입니다. 내가 싫어하는 부모의 외모나 성격들이 아이에게 나타나면 관계 맺기가 쉽지 않습니다. 게다가 한 아이가 싫으면 다른 아이는 그냥 더 좋습니다. 지나친 미움과 편애를 동시에 할 수 있다는 것이지요. 한편 자기 외모가 싫은 사람은 나를 닮은 아이가 싫을 수 있습니다. 반대로 나를 닮아서 동질감과 안도감 때문에 닮은 아이가 더 예쁘게 보일 수도 있고요.

| 불같이 싸우는 형제, 이대로 두어도 괜찮을까? |

이 시기에 가장 중요한 것은 '각 식구들 간의 관계를 어떻게 맺을 것인가'

입니다. 한 예를 봅시다.

부부가 결혼하면서 아이는 둘 이상 갖기로 계획했습니다. 계획대로 세 살 터울로 아이를 낳았습니다. 둘째가 어릴 때는 큰 문제가 없었습니다. 우리가 아이를 잘 키우고 있다는 생각에 기분이 좋았지요. 둘째가 3살이 되면서 집안은 차차 시끄러워졌습니다. 초반에는 견딜 만했습니다. 그런데 아이들이 클수록 둘이 싸우는 일이 잦아졌습니다. 부부는 잘못하는 아이를 혼냈습니다. 주로 큰아이가 야단맞았지요. 그런데 싸움이 줄어들기는커녕 더 늘어서 고함치는 일도 잦아졌습니다. 점점 부모 자질이 없다는 생각도 들었습니다. 나중에는 애들이 없는 곳으로 도망가고 싶은 생각이 굴뚝 같았지요.

이런 집들이 많을 것입니다. 그러면 이런 집들은 가족의 힘이 낮은 걸까요? 그럴 수도 있고 아닐 수도 있습니다. 하지만 아이들이 싸우는 것은 너무나 당연한 일임을 알아두어야 합니다. 아이들은 싸우면서 여러 가지를 배웁니다. 이런 말을 하는 이유는, 가족의 힘이 높고 낮음을 아이들의 싸움 여부로 판단하지 말았으면 해서입니다. 가족의 힘이 더 나아지려면 이 때 '부모가 무엇을 하면 좋을까?'에 집중하길 바랍니다. 어떤 집이든 싸울 수 있습니다. 이 싸움에 대해 인상 쓰고 짜증부리며 '왜 너희만 그러냐'고 생각하지 마세요. 마치 우리집에만 불행이 있는 것으로 여기지 말았으면 합니다. 다음 과업들만 잘 수행하면 충분히 대처할 수 있습니다.

먼저 큰아이와 좋은 관계 만들기

첫아이와의 좋은 관계에서 둘째를 받아들여야 합니다. 그렇지 않고 어린 둘째 중심으로 세 사람이 부모 역할을 해서는 안 됩니다. 대부분 큰아이를 부모 자리에 올려놓고 둘째는 어린애 취급합니다. 큰아이 역시 자녀로 돌봐줘야만 아이가 아이답게 자랄 수 있습니다.

첫아이는 보호자가 아닙니다. 아무리 나이 차이가 많더라도 첫아이에게 나이에 걸맞은 행동을 요구하지 마십시오. 희한하게도 둘째가 생기면 첫아이는 둘째 수준으로 내려갑니다. 이것을 받아들일 줄 알아야 설령 문제가 생겨도 수월하게 해결할 수 있습니다.

형제간 순서는 엄격히, 애정은 똑같이

첫아이에게 큰아이 역할의무을 바라지 마세요. 그러다 보면 형제 서열이 깨져 동생이 서열의 제일 위에 있게 됩니다. 첫아이에게 의무보다 권리를 주십시오. 사소한 상황에서 우선권을 주는 것이 필요합니다. 아빠가 퇴근하고 오면 큰아이를 먼저 안고 둘째를 안는다든지이것은 작은 아이가 아주 어려서 모를 때 해 주면 나중에 양해를 구할 수 있습니다, 밥을 차릴 때 아빠, 엄마, 첫째, 둘째 순으로 보란 듯이 차린다든지 말이지요. 물론 어떤 날은 막내부터 거꾸로 하면 됩니다. 대신 순서는 있더라도 사랑과 관심의 양은 같아야 합니다. 물론 똑같이 해줘야 하는 경우도 있습니다. 장난감이나 먹을 것은 아이들이 조금 자라면 똑같이 주어야 합니다. 어떤 부모는 큰아이에게 '넌 동생보다 두 살 많으니까 더 많이 받았잖니' 같은 논리로 장난감을 동생만 사줍니다. 이런 경우는 아이가 절대로 이해 못합니다. 아이들은 보이는 것, 먹는 것, 사는 것이 똑같길 바랍니다.

야단을 치는 상황도 똑같아야 합니다. 큰아이와 작은아이를 향한 야단의 정도에 차이가 있으면 아이들은 사랑의 온도 차이로 느낍니다. 아이들이 집에서 뛴다면, 큰아이만이 아니라 작은아이도 같이 주의를 줘야 합니다. 그렇다고 야단을 감정으로 하라는 것이 아닙니다. 야단은 적절한 지적과 통제를 의미합니다.

큰아이에게 우선권을 주는 이유는 동생에게 여유 있는 아이로 키우기 위함입니다. 동생 때문에 뺏겼다는 생각이 들지 않도록 말이지요. 혹시 동생이 불공평하다고 느낄까 걱정이라구요? 이것이 제대로 되면 둘째는 부모뿐 아니라 큰아이도 동생을 예뻐하고 챙겨주게 되므로 불공평하다고 느끼지 않습니다. 우선권은 치우침을 뜻하는 게 아니라 순서를 뜻하기 때문입니다. 큰아이에게 동생 일을 의논해도 좋습니다. '요즈음 동생이 엄마 말을 안 듣는데 어떻게 하면 좋을까?'식으로 말입니다. 의견 참조 수준이어야지 부모처럼 동생을 걱정하라는 의미로 질문하면 안 됩니다.

동생이 태어날 때도 어른들의 눈이 동생에게만 집중되어서는 안 됩니다. 새로운 구성원이 태어나는 상황은 기존 구성원들의 합의하에 특히 큰아이에게도에 이루어져야 합니다. 처음 만나는 상황도 부모, 큰아이가 함께 있는 상황에서 동생과의 첫 만남이 이루어지면 좋습니다.

'이제 넌 맏이니까 잘해야 돼' 같은 당부는 좋지 않아요. 만일 부모가 없을 땐 큰아이에게 도움을 청하는 태도를 취해야 합니다. 큰아이의 말을 들으라고 부탁도 하구요. 물론 동생의 권리를 박탈하라는 말은 아닙니다.

아이들 각자의 권리 존중하기

　형제 각자의 장난감이 있습니다. 각자의 영역을 침범하지 않도록 배려가 필요합니다. 그것은 형이든 동생이든 자기 것으로 주장할 권리를 인정해 주어야 합니다. 형이라고 동생의 물건을 함부로 만질 수 없습니다. 동생 역시 마찬가지고요.

누구에게든 떠밀지 마라
견고한 가족 되기

　두 아이를 키우는 건 신체적, 정신적 에너지 소모가 큽니다. 그렇기 때문에 아버지의 역할 또한 더욱 중요한 시기입니다. 한 아이를 키워봤기 때문에 수월할 거라고 여기지만, 그것은 낯설지 않다는 의미지 힘들지 않다는 의미는 아닙니다. 특히 둘째가 세 돌이 되기 전까지는 손이 너무 많이 가기 때문에 엄마가 우울감이 심할 수 있습니다. 남편들은 첫아이 때보다 더 많이 협조해야 합니다. 그런데 많은 남편들이 부인이 힘들어하면 자신이 더 힘들어합니다. 왜냐고요?
　부인이 힘들어하면 모든 짐들이 나에게 쏟아지는 느낌도 들지만, 더 중요한 것은 부인이 자신을 돌봐주지 못하니 스스로 챙겨야 한다는 현실에 속상해합니다. 어떤 남편들은 부인이 힘들어하면 오히려 자신이 더 힘든

티를 내서 아프거나, 기운 없어 하거나 부인이 아예 말을 못하게 하는 상황을 연출합니다. 어느새 자식이고 싶은 마음이 생긴 것이지요.

그렇다면 부인에게는 이런 마음이 없을까요? 물론 있습니다. 육아 스트레스를 현실보다 더 크게 받아들이고, 남편에게 더 서운해 합니다.

가장 효과가 좋은 것은 이때가 엄마 역할이 힘든 시기임을 남편이 알아주는 것입니다. 가족의 힘이 자라나는 집은 남편도 제 역할을 알기 때문에 부인의 힘든 부분을 '마음으로 알아줍니다.' 이 마음은 매일 힘든 전쟁을 치루는 부인에게 아주 좋은 피로 회복제입니다. 이렇게 마음으로 알아주는 것만으로도 관계가 더 좋아집니다.

｜ 부모 역할은 선택이 아니다 ｜

집집마다 상황이 다르기 때문에 엄마 역할과 아버지 역할에 정도 차이가 있습니다. 우리에겐 대체로 남자는 바깥일을 하는 사람이니까 애 키우는 것은 엄마 몫이라는 인식이 있어왔습니다. 물론 그렇지 않은 사람들도 늘어나고 있지만 말입니다. 그러나 중요한 것은 부모 역할을 한쪽만 담당해서는 안 된다는 것입니다. 선택이 아닌 필수로 인식하지 않으면 한쪽이 지나치게 무관심할 가능성이 많지요.

부부 모두에게 선택이 아닌 필수라는 의미는 매우 중요합니다. 이런 마음이 있으면 부모 노릇을 잘하지 못할 때 상대한테 '미안한' 마음이 생깁니다. 그런데 오히려 너무나 당당하게 '나 좀 괴롭히지 마' 같은 태도를 취한다면 한쪽 부모를 더 화나게 하고 기운 빠지게 만들 것입니다.

선택이 아닌 필수라는 인식은 감사하게 만듭니다. 배우자에게 '오늘 하루 종일 애 보느라 수고했어'라고 말하게 되지요. 내 일을 누군가 대신해주면 감사한 마음이 듭니다. 내 일이 아니라고 생각하면 감사하는 마음도 들지 않습니다. 어떤 남편은 아이가 다 큰 뒤 부인에게 '수고했다'는 말을 합니다. 이 말은 수고했다는 의미보다 '내 입지를 높여줘서 고맙다. 자식의 성공으로 내 자랑거리가 생겼다'는 의미도 됩니다.

선택이 아닌 필수라 인식하면 절대 상대방을 비난하지 않습니다. 공동의 책임으로 느끼기 때문이지요. 많은 엄마 아빠들이 애 문제가 생기면 '상대방을 비난하기' 바쁩니다. 여태 뭐했냐며 말입니다. 이 행동 자체가 '내 일이 아니다'는 생각의 표시입니다. 이런 사람은 나중에 애들이 남보란 듯 성공하지 못하면 여태 키우느라 고생한 배우자를 비난합니다.

선택이 아닌 필수라고 생각하면 '생색내지 않습니다.' 자기 일이 아니라고 생각해야 뭔가 했을 때 그걸 생색내지요. 생색내는 부모는 자기 행동에 지나치게 뿌듯해 하고, 마치 안 해도 될 일을 한 것처럼 여깁니다.

| 둘 중 하나는 내 꿈을 이뤄줄 것이다 |

자식이 하나일 때는 이런 면이 크게 두드러지지 않습니다만, 둘로 늘어나면 아이를 두고 이런저런 꿈도 가져보고, 의도적으로 행동합니다. 이때부터 아이는 내 도구로 전락합니다. 아이가 행복해지지 않는다는 것이지요. 내 행복이 아이 행복은 아니니까요. 내 행복과 아이 행복을 구분할 수 있어야 가족의 힘도 높아질 수 있습니다.

| 부성애와 모성애에는 따로 주인이 없다 |

이것이 무슨 말이냐고요? 사람에게 모성애와 부성애가 있습니다. 대체로 여성들에게 모성애가 많고, 남성들에게 부성애가 더 있습니다. 꼭 모두 그런 것은 아닙니다. 자녀를 키울 때는 부모가 다 모성애를 갖고 임해야 합니다. 좀 더 모성애가 많은 사람이 더할 수도 있습니다. 그렇다고 '난 모성애가 별로 없다'며 물러서 있으면 안 됩니다. 같이 하려고 해야 합니다. 그래야 자신도 몰랐던 모성애를 찾을 수 있으니까요.

부성애는 여러 외부 일을 어떻게 처리할지에 대한 '실천력과 추진력'입니다. 단순히 직장 생활에만 국한되지 않습니다. 미래를 위해 가계를 꾸려나가고 결정하는 모든 일이 포함됩니다. 지금은 여자들도 돈을 어떻게 굴릴지 등에 박식합니다. 부성애적인 태도이지요. 한편 어떤 남편들은 이걸로 트집을 잡습니다. '누구네 집 부인은 돈 관리를 잘해서 목돈을 모았다는데 당신은 뭐해? 잘하는 것도 없으면서……'라며 말이죠. 이렇게 구박하는 사람들이 정작 자기는 제대로 못합니다. 부인이 대신해 주길 바라는데 그렇게 안 되니까 탓하는 것입니다. 구박할 일이 아니지요. 좀 더 잘하는 사람이 하면 됩니다.

난 뭘 더 잘하나요? 그것을 육아에 어떻게 적용해야 할까요?

예린이네 가족이 놀러가기로 했습니다. 엄마는 바쁩니다. 남편이 바깥에서 사먹는 것을 싫어해서 김밥을 싸고, 과일, 애들 먹을 것, 돗자리며 물 등등을 챙기느라요. 그동안 예린 아빠는 뭐하냐구요? 혼자 준비하고 TV를 보며 부인이 준비를 다할 때까지 기다립니다. 가끔 '왜 이렇게 오래 걸리냐'고 투정도 부리면서 말입니다. 참, 어디 놀러 갈지도 예린 엄마가 다 알아봤지요. 예린 엄마는 차에 타기 전까지 전쟁을 합니다. 엄마 마음속도 전쟁터입니다. 매번 이런 식이니 뭐 하러 놀러 가나 싶지만, 애들 때문에 참습니다. 가는 와중에 애가 말을 안 듣거나 문제가 생기면 어김없이 남편은 '부인을 탓합니다.' '애를 왜 저렇게 키웠나.' 잘 알아보지도 않고 여기 왔냐'면서요. 거기다 '이번에 돈은 얼마나 들어갔는지' 회계 감사까지 합니다.

이렇게 속 터지는 집이 과연 있을까요? 네! 있습니다. 단지 가부장적인 남편이라는 이름으로 포장되어 있지요. 그러면 가족의 힘이 자라는 집은 어떻게 할까요? 서로 의논해서 역할을 나눕니다. 어디 갈지를 식구들과 의논하고, 결정되면 알아보고 예약하는 일 등은 부성애가 있는 부모가 맡고, 모성애가 더 있는 부모는 아이들을 챙기는 일을 맡겠지요. 내가 뭘 잘하는지를 알고 의논하는 부모가 가장 바람직한 모습입니다. 사실 역할을 잘 나누면 불평도 줄어듭니다. 조심할 것은 역할을 나눴을 때 상대방에게 '이러쿵저러쿵' 불평과 비난을 하지 않는 것입니다. 누구 탓이 아니라 공동의 책임으로 느끼고, 다음에는 반복되지 않도록 노력해야 합니다.

싸우는 아이들의 손 모두
따뜻하게, 공평하게 잡아주기

 어떤 부모는 아이가 통제되지 않으면 '애는 때려서 키워야 해'라고 주장합니다. 사실 이러한 말 이면에서 '난 아주 엄하게 자랐고, 맞으면서 자랐다'는 것이 내포되어 있습니다. 그것을 전혀 상관없는 것처럼 생각하지만 말이지요. 자신이 어렸을 땐 힘이 없어 부모에게 대항할 수 없었습니다. 하지만 어른인 지금은 힘을 행사할 수 있기 때문에 눌렸던 감정들을 드러내기 시작합니다. 그리고 아이를 함부로 다루는 것입니다. 이것을 자꾸 합리화시키지 마십시오. 맞으며 자란 사람은 때리게 되어 있습니다. 자기 부모에 대한 감정으로 말입니다.
 두 아이들이 싸우기 시작할 때 이런 감정들이 더 많이 드러납니다. 아이가 고집을 피우는 시기, 말을 안 듣는 시기에 폭력이 나타나지요. 지나치게

감정적으로 됩니다. 말로는 애가 버릇없을까 봐, 바로잡아주려는 명목입니다. 그러나 이면에는 내 마음에 있는 부모에 대한 화가 드러나는 것입니다. 그렇다면 아이들이 싸울 때 어떻게 해야 할까요? 부모는 어떤 걸 고려해야 할까요?

치우친 나의 감정을 걷어내기

앞에서 말한 부분을 스스로 살펴보십시오. 많은 부모들이 공정한 태도를 취한다면서 잘잘못을 따집니다. 평소에 자녀를 대할 때 공정하셨습니까? 편애하지는 않으셨나요? 대부분 '행동을 잘하면 예뻐해 줄 텐데 말을 안 들으니 어떻게 예뻐할 수가 있어?'라고 말합니다. 그러나 예쁨 받을 행동은 먼저 부모가 자녀를 무조건 예뻐하셔야 나옵니다. 우선 차별하는 태도를 버리고 예뻐하십시오. 자기 과거와 연루된 감정들을 걷어내고 아이를 대하십시오. 그렇게 되면 둘이서 지나치게 싸우지 않을 것입니다.

편들지 말기

자신의 과거 감정을 걷어냈다면, 이제 아이들 싸움에 개입하지 말고 기다려주세요. 마음에 들지 않지만, 우선 둘이서 해결할 수 있도록 말입니다. 처음에는 둘이서 해결하지 못합니다. 부모는 답답해서 끼어들고 싶을 겁니다. 참으십시오. 대신 위험하게 때리는 행동을 못하도록 규칙을 정하고, 해결하고 오라고 하십시오. 그러면 누군가가 울면서 오고, 누군 변명하러 올 것입니다. 우는 애는 달래시고, 변명하는 아이는 말을 들어 주십시오. 이렇게 하시면 아이들의 싸움에 부모가 개입하면서 싸움이 변질부모의 사랑을 더 갖기 위한 쟁탈전되는 것을 막을 수 있습니다. 아이가 서운해 할 것 같지만 오히려 싸움이 줄어듭니다.

아이들은 싸우면서 타협을 배우고, 얻고 싶은 것을 위해 자기 고집을 꺾을 줄 알게 됩니다. 즉, 야비하지 않은 방법으로 더불어 살아가는 방법도 배운다는 것입니다.

큰아이의 마음 알아주기

평소 형제 간 다툼에서 큰아이를 야단치기보다 '동생 때문에 형누나, 언니노릇 하느라 힘들지?'하며 그 마음을 알아주는 것이 중요합니다. 자주 안아주십시오. 단, 동생이 없을 때, 큰아이와 단둘이 있을 때 해야 합니다.

마지막으로 사과의 시간 만들기

앞의 과정이 잘되었고, '누구만 예뻐해' 소리가 쏙 들어갔다면, 싸움이 끝난 후 둘을 앉혀 놓고 서로 잘잘못을 이야기하고 사과할 기회를 만들어줘야 합니다. 불만을 말할 수 있게 해주는 것이죠.

기억하십시오. 이것은 첫 단계가 아니라 마지막 단계입니다. 앞 단계가 없다면 하지 않는 편이 좋습니다. 좋은 의도로 시작했지만 야단으로 끝나는 경우가 많기 때문입니다. 이 단계까지 왔다면, 당신의 가족은 비범한 잠재력이 있는 집입니다. 가족 모두에게 성공의 씨앗이 무럭무럭 자라고 있음을 기뻐하십시오. Goood!!!!이라고 스스로 칭찬하셔도 됩니다.

PART 04

아이의 사회성이 꽃피는 시절, 가족의 힘도 업그레이드!

유치원을 시작으로 '엄마 네트워크'에 발을 딛다

아이와 함께
세상 속에 뛰어든 가족

많은 부모들이 바랐던 때가 드디어 왔습니다. 이제 아이는 유치원이나 놀이방에 갈 수 있는 나이가 되었습니다. 그러나 나이가 되었다고 유치원을 잘 다니는 것은 아닙니다. 육아에서 자유 시간이 조금 늘었다고 문제가 없는 것도 아닙니다. 운동선수들은 시즌 전 얼마나 훈련을 잘하고 몸을 잘 만들었느냐에 따라 시즌을 즐길 수 있습니다. 만약 그렇지 못하면 부상 혹은 기대 이하의 경기력을 보이겠지요. 가족도 마찬가지입니다. 자, 그럼 가족의 힘이 미약하면 이 시기에 어떤 문제가 생길까요?

아이의 성향(고집 혹은 수줍음)

유치원에 가기 직전부터 아이들은 자아 표현을 고집이라는 형태로 합니다. 부모와 사사건건 부딪치며 주변을 전혀 고려하지 않고 '내 마음대로' 하려는 모습도 나옵니다. 그러다 보니 친구들과도 부딪힘이 많고, 이로 인해 부모는 양육을 잘못하고 있다는 생각에 속상해지는 시기입니다. 게다가 아이의 성향이 너무 세거나 예민해서 엄마와 떨어지기 싫어한다면 갈등의 씨를 내포한 것과 마찬가지입니다. 어떤 부모가 키워도 힘든 성향이거든요.

부부 갈등과 배우자의 상실(죽음 혹은 이혼)

어떤 부부도 처음부터 이혼을 염두에 두지는 않습니다. 함께 행복하게 살기를 원합니다. 그러나 생각지도 않았던 여러 일(경제적 능력, 외도, 성격 차이, 양가 부모와의 갈등 등) 때문에 이혼하게 되어 한 부모가 아이를 돌봐야 하는 상황이 생기기도 합니다. 사고나 질병으로 한쪽 부모를 떠나보내는 경우도 있습니다. 아마 가족들이 가장 피하고 싶은 상황일 것입니다. 홀로 아이를 키워야 하는 부담감은 상상조차 하기 힘듭니다. 주변에서 보는 것보다 훨씬 복합적인 감정이지요. 다른 사람의 부정적인 시선, 경제 활동과 양육을 병행해야 하는 부담감, 미래에 대한 불안으로 얼마나 힘든지 모릅니다.

새로운 집단의 경험

맞벌이의 경우 아이가 아주 어릴 때부터 보내기도 하지만, 대체로 만 3세 이상이어야 유치원이나 어린이집을 갑니다. 아이가 엄마 뱃속에서 세상으로 나오는 것이 첫 번째 충격적인 경험이었다면, 두 번째는 부모의 품을 떠나 또래 집단에 가는 것, 즉 유치원에 가는 것일 겁니다. 즐거운 경험처럼 보이지만, 사실 낯선 경험이기 때문에 스트레스 요인이 됩니다. 부모와 애착이 충분히 이루어지지 못했다면, 유치원은 부모와 떨어뜨려 놓는 일이기 때문에 아이에게 불안을 일으킵니다. 또래와의 만남도 즐겁지 않겠지요.

엄마 네트워크 시작

육아서나 전문가들은 아이의 사회성을 위해 엄마에게 적극적으로 엄마 친구를 만들라고 합니다. 어떤 엄마들에게는 무척이나 부담스러운 조언일 겁니다. 주변 엄마들과 수다 떠는 것이 불편한 엄마도 있습니다. 그런 내 성향이 아이의 사회성 발달에 지장이 있을까 봐 불안하지만 정작 자신이 아줌마들과의 만남이 즐겁지 않으니 이 얼마나 힘든 일입니까? 스트레스가 될 수밖에 없습니다. 아줌마들 사이의 묘한 경계도 싫어서 정말 아이만 아니면 나 홀로 편히 지낼 텐데 말입니다.

│ 아빠 역할이 주목 받는 시기 │

이 시기부터 초등 저학년까지 부부가 육아 문제로 가장 갈등이 많을 때입니다. 큰아이의 초등학교 저학년 시기까지는 부모가 육아에 시간 투자를 많이 해야 합니다. 아이와 체험 활동도 많이 다녀야 해서 부모에겐 개인적인 시간이 제일 없을 때이지요. 이때 부부는 서로 '역할을 잘하니, 많이 했니' 등으로 자주 다투게 됩니다.

| 남편의 귀가 시간이 귀신보다 더 두렵다? |

어느 때보다 부부 갈등이 커지는 한 이유는 아이들의 활동성이 집에서 바깥으로 확장되면서 이를 엄마 혼자 감당하기 어렵기 때문입니다. 대체로 아빠의 육아 참여가 저조하다고 엄마가 불만을 토로하는 시기이지요. 마치 우리 남편만 육아에 관심이 없는 것처럼 보입니다. 물론 직장 일에 올인하며 집에서는 그냥 쉬려는 아빠들도 있습니다. 아마도 가장 마음이 부대끼는 시기라, 해도 욕먹고 안 하면 더 욕먹는 때일 겁니다.

이러한 갈등이 아이가 하나 더 있기 때문에 생기는 건 아닙니다. 첫아이 때부터 끊임없이 부부 갈등의 소지가 되었고, 이것을 제대로 해결하지 못하면 둘째 때 더 힘들게 느끼는 거지요.

우선 현실적으로 집안이 더 어수선해집니다. 집에 있던 엄마도 스트레스지만 퇴근 후 남편이 집에 오면 난장판이 된 거실이 반기고 있지요. 부부 모두 갑자기 도망가고 싶은 생각이 들 것입니다. 부은 얼굴로 들어오는 남편을 보면서 부인 기분도 상합니다. 서로 사소한 것으로 다투기 시작합니다. 특히 안락한 집을 원하는 남편이라면 잔소리를 하기 일쑤입니다. 왜 안 치우냐고 말입니다. 이런 잔소리가 많으면 부인은 남편의 퇴근이 반갑지 않습니다. 퇴근 시간이 가까워 오면 아이들을 채근해 치우게 하거나, 직접 치우느라 아이는 뒷전입니다.

때문에 남편이 들어오는 시간이 되면 가슴이 답답하고 두근거리는 부인들이 많습니다. 육아로 인해 남편과 다툰다고 생각하면 부인은 결혼과 아이를 낳은 것까지 후회하게 됩니다.

그런 남편은 스스로 자신이 학교회사에 다녀와서 깨끗한 집을 원하는 아들처럼 구는 것임을 알아야 합니다. 부인에게 미숙한 모습을 보이는 거죠. 집에 자기 공간이 있고 편히 쉬기를 원하며, 그렇지 않으면 부인을 타박하고, 집에 늦게 들어가는 작전으로 회피합니다. 이런 집에는 부모가 없고 엄마만 있습니다. 아이가 셋입니다. 큰 아들(남편)을 포함해서 말입니다.

| 엄마의 '불안' - 아빠 역할이 부족하면 어쩌지? |

요즘 엄마들은 나름 육아 정보를 많이 알고 있습니다. 특히 아빠의 역할이 중요하다는 것도요. 그래서 아빠의 역할을 강조합니다. 강조 이상을 넘어 시간과 질적으로 조금이라도 부족하다 싶으면 패닉이 됩니다. '아빠와 관계가 좋아야 사회성도 좋다는데 우리 아이는 사회성이 나빠져서 왕따라도 되면 어떡하지?', '아빠하고 소원하면 사춘기 때 엄마가 감당하기 힘들다는데……' 등 근거 있는 걱정을 합니다. 그러다 보니 아빠에게 잔소리도 늘지요. 즉 엄마는 아빠의 역할이 부족해 '아이의 사회성이 떨어지고 당당함도 부족하지 않을까 걱정합니다. 그것 때문에 '학습에도 문제가 생길 것 같은' 불안감이 엄습하지요. 이러한 불안 때문에 부부 갈등이 생겨납니다.

이 갈등이 아이들 눈에는 '아빠는 뭔가 부족해 엄마에게 잔소리 듣는 사람'으로 비춰질 것이고 아빠 역할에 대한 부정적인 모델을 보여주게 합니다. 즉 걱정한 대로 될 가능성이 커지는 거죠.

아빠 역할을 강조하는 이들은 대부분 '자랄 때 부모의 관심과 사랑이 부족했던' 사람들입니다. 그러다 보니 더 잘하려고 애를 쓰는데 이것이 지나 쳐서 힘겨워지는 겁니다. '좋은 부모가 되고 싶다'는 생각이 나쁘진 않지만 조금이라도 부족한 부분이 보이면 견디질 못합니다. 불안해서 말입니다. 이런 불안은 오히려 제대로 된 역할을 할 수 없게 만듭니다.

| 아빠의 '불만' - 아빠가 무슨 슈퍼맨이야? |

한편 아빠들은 어떨까요? 아이들이 자랄수록 뭔가 해달라는 요구가 많아져 아주 귀찮아집니다. 유치원이나 놀이방을 갈 때면 고집도 생겨서 통제하기도 어렵습니다. 게다가 부인은 자꾸 '옆집 아빠는 이렇게 잘한다. 누군 제대로 못해서 지금 문제아가 되었다더라' 따위의 말로 재촉합니다. 정말 힘든 상황입니다. 노력해도 부족하다는 소리를 듣고, 아이는 매일 바깥에 나가 놀자고 합니다. '난 집에 와서 쉬지도 못하고 일해야 하는' 슬픈 존재가 되어 버렸습니다. 부인에 대한 불만도 커집니다. 왜 육아를 혼자 해결하지 못하고 자꾸 날 끌어들이나 싶어서 말입니다.

엄마 역시 부담에서 벗어나고 싶다면, 매번 남편과 일을 나누길 원할 것입니다. '혼자만 하면 너무 억울하니까요.' 불안이 있는 엄마는 아빠 역할이 부족할까 봐 아빠를 끌어들이지만 부담이 있는 엄마는 '혼자서 애를 키우는 것이 억울하고 분해서' 끌어들입니다. 이 경우 사소한 것까지도 '내가 했네, 네가 했네' 식의 유치한 싸움을 합니다.

결국 부부는 육아를 '내 일이 아닌데 한다는' 듯이 임하게 됩니다. 이 경우 아이들은 부모가 자신을 '짐으로 여긴다'고 생각하겠지요. 그 결과 부모에게 거절당했다고 생각하기 싫어서 더 달라붙거나 항상 조심하는 성격으로 자랄 수 있습니다. 아이가 눈치 보며 자라는 가족에서 건강한 힘이 생길 수 있을까요? 이 시기 아빠의 역할이 커지는 만큼 부부 갈등이 커지지 않도록 주의해야 합니다.

새롭게 펼쳐진 엄마들의
만만치 않은 세계

아이가 사회활동을 시작하면서 자연히 이웃 엄마들과 어울릴 기회가 많아집니다. 나만의 아이에서 우리 동네 사람들도 아는 존재로 확장된다는 것이지요. 이로 인해 부모들은 내면의 욕구가 어떠했는지 새삼스럽게 알 기회가 생깁니다. 아이의 사회성 확장이 부모 자신의 내면을 드러내는 기회라는 것입니다.

| 아이 모임을 빙자한 엄마 모임 |

아이들이 친구들과 어울릴 때 부모도 동네 아줌마들과 사귀면 여러모로 도움이 됩니다. 우선 같은 처지에 있는 엄마들과 수다 떨면서 육아 스트레

스를 풀고, 동질감도 느낄 수 있습니다. 서로 도움을 주고받을 수도 있습니다. 이런 과정 속에 엄마들은 주변 엄마들을 '가족 관계'로 확장해 나갑니다. '언니' 같은 호칭으로 친밀감을 더하지요.

한편 이 친밀감과 소속감을 더 강하게 하고픈 엄마들이 있습니다. 또래 엄마를 만나는 것이 즐겁고 자기 존재감도 느끼게 해주니까요. 처음에는 아이들을 위해서 만나다가 나중에는 부모 모임이 됩니다. 문제는 친밀감과 소속감을 느끼려 하다 보니 아이들이 겪는 감정들을 어른들도 겪는다는 것입니다. '나하고 제일 친했으면 좋겠다'는 감정으로, 내가 원하는 관계가 되지 않으면 우울해합니다. 어떤 사람들은 '다른 사람의 험담'을 하면서 개인적인 친분을 쌓으려는 무리수를 씁니다. 낯선 사람들이 관계에 끼어드는 걸 막기도 합니다. 기존의 관계가 깨질까 봐 말입니다.

친밀감과 소속감 때문에 갈등도 생깁니다. 엄마 집단에 주도적인 사람이 있을 수 있습니다. 처음에는 주도적인 사람의 도움을 받지만 점점 자기 마음대로 하려는 모습에 불쾌감과 불편을 느낍니다. 각자의 영역을 무너뜨리기도 합니다. 쉬고 싶을 때 엄마 친구들이 갑자기 쳐들어오는 경우가 그렇습니다. 난 가기 싫은데 쇼핑 하러 가자며 '운전기사 역할'을 부탁합니다. 친밀감을 느껴야 안정되는 부모는 NO를 말하기 버거워합니다. 혹시 나를 밀쳐낼까 봐 말입니다.

간혹 '내 마음대로'인 엄마들도 있습니다. 엄마들끼리 모였을 때 목소리가 크고 화제를 주도합니다. 결정도 자기가 원하는 대로 합니다. 예컨대 '아이들의 공부'를 의논할 때도 자신이 원하는 학원, 선생님 등을 알아보고 결정합니다. 그러나 간혹 엄마 친구들로부터 '왜 네 마음대로 하냐'는 불평도 듣고, 스스로 일을 만들다 보니 지치기도 합니다. 이런 엄마들은 그 행동을 통해 '존재감'을 느끼려 합니다.

이렇듯 부모가 아이로 인해 주변 사람들과 관계를 맺을 때 그 유형을 살펴보면 '내 마음에 어떤 마음'이 있는지도 알 수 있습니다. 만나서 불편한 관계는 굳이 하지 않는 것이 편합니다. 내 성향이 있기 때문에 자기 방식으로 시도해 보는 것도 필요합니다. 사실 아이의 친구 관계는 부모들의 관계로만 유지되는 것은 아닙니다. 불안해하지 마십시오. 나와 아이의 관계가 잘되면 아이의 사회성에는 별 문제 없습니다. 스스로 엄마 집단과 거리를 두는 노력도 필요합니다. 소외는 자신이 시키는 경우가 더 많습니다. 자신을 알고 당당하면, 주변 관계에서 느끼는 감정도 더 처리하기 쉬울 것입니다.

| 부모 열등감의 4가지 모습 |

어떤 부모는 내면의 열등감으로 주변 사람들과 관계를 힘들어합니다. 열등감은 다양한 형태로 드러나는데 위축, 자기 과시 혹은 거짓말, 아이 닦달 등이 있습니다.

위축

아이들이 또래 친구들과 어울리면서 엄마도 아이의 주변 사람^{또래 엄마, 선}

생님 등과 새로운 만남을 시작합니다. 그런데 이 만남이 두렵고 힘든 엄마들이 있습니다. 사람을 만나면 누가 뭐라고 하지도 않는데, 주눅이 들고 말도 나오지 않지요. 정작 주변 사람들은 별 얘기도 없는데 말입니다. 이렇게 사람을 만나는 게 힘든데, 엄마는 혹여 자기 때문에 아이의 사회성이 떨어질까 봐 걱정도 많습니다. 세상은 두렵고, 사람들은 위협적이라는 막연한 느낌에 사로잡혀 있기 때문입니다. 이 느낌은 자기 엄마와 제대로 된 '신뢰감' 애착이 만들어지지 못해서 생긴 것입니다. 태어나고 1년 이내 혹은 만 3년 반까지는 엄마의 충분한 관심과 사랑을 받아야 신뢰감이 생깁니다. 이것이 세상을 두렵게 보지 않는 요인이지요. 그런데 어떤 이유로 시집살이, 일, 무뚝뚝한 성격, 부부 갈등 등 엄마가 아이를 적절하게 돌보지 못하면 아이에게 불안이 자리하고, 자신감도 잃게 됩니다. 그 결과 사람들과 만나는 걸 피하다 보니 바깥 활동이 적어지고 점점 세상과 소통할 기회가 더 줄어드는 것입니다.

그뿐만 아닙니다. 자신의 현재 위치에 대한 당당함이 없다 보니 늘 부족하다고 생각합니다. 어쩌다 아이의 유치원에서 알게 된 사람을 만나고 나면, 그날 저녁이 항상 힘들고 괴롭습니다. 마음이 불편하고, 뭔가 잘못한 것 같고, 자신이 한 말, 남이 한 말들로 머릿속이 복잡해집니다. 이러다 보니 아이와 함께 나가도 아이에게 집중하지 못하고, 자신에게 집중하게 됩니다. 친구끼리 갈등이 생겨도 제대로 중재하지 못하게 되지요. 스스로 열등감을 느끼기 때문에 상당히 괴롭습니다.

자기 과시

어떤 사람들은 위의 허전함을 다른 식으로 표현합니다. 열등감을 외모 가꾸기나 아이들에게 투자하는 자기 과시로 표현합니다. 그래서 주변 사람들에게 무시당하거나 업신여김을 당하지 않으려고 합니다. 이런 부모들은 아이가 사회에 나갈 때 주변 사람들에게 자신이 어떻게 보일지를 지나치게 신경 씁니다. 아이도 자신의 분신이기 때문에 예쁘고 비싼 옷을 입혀서 내보냅니다. 과시하는 말을 많이 하고, 아이의 사소한 행동도 굉장한 일인 양 자랑합니다.

이런 사람이 몇 명 있으면 스트레스 받는 사람과, 그걸 따라하는 사람들이 생깁니다. 아이를 자랑해야 하기 때문에 글씨 익히기, 영어 같은 조기 학습에 신경을 씁니다. 아이가 이것을 어떻게 받아들이는지는 별로 신경 쓰지 않고 오직 남들에게 과시하기 위해서 말이지요. 마음에 든든한 지지가 없으면 결국 치장을 할 수밖에 없는 것입니다.

주눅 드는 사람은 자신에게 열등감이 있는 것을 압니다. 그러나 자기 과시하는 사람은 내면에 열등감이 있는지 잘 모릅니다. 다양한 포장 기술만 늘어서 스스로 능력 있고, 자신감이 있다고 착각하기 때문입니다. 사실은 모양새에 더 신경 쓰는 건데 말이지요. 어떤 사람은 우리 집이 화목하고 아이들을 잘 돌본다는 걸 남에게 보여주기 위해 '남편을 바깥놀이터나 운동장으로 내몰기'도 합니다.

거짓말

과시가 심해지다 보면, 없는 사실도 만들거나 부풀리는 경우가 생깁니다. 어른들끼리 만나는 관계에서 이러면 그나마 낫습니다. 아이를 끼고 만나다 보면 내 아이가 두드러져야 한다는 마음에 과시 이상을 하게 됩니다. 결국 내 아이가 특별나다는 것을 드러내고 싶은 열등감의 표현이겠지요.

아이 닦달

바깥에서는 엄마가 위축되거나, 과시와 거짓말을 하겠지만 막상 집에 들어오면 불안이 엄습합니다. 그러다 보니 어린아이를 닦달하기 시작하지요. 가장 많이 집중하는 것은 드러나는 부분 즉, 학습과 인지적인 부분, 눈에 보이는 성과스케이트, 악기, 발레 등입니다. 다행스러운? 것은 이것이 오직 한 엄마만 그러는 게 아니라 주변 엄마들도 다같이 집중하기 때문에 이게 아이 닦달이라는 생각을 못합니다. 그저 아이의 미래를 위해 좀 더 투자한다고 생각하지요. 결국 이 시기에 아이가 밟아야 할 과업은 뒷전이고 조기 교육으로 스트레스를 더하게 됩니다.

현재를 즐길 줄 아는
가족의 행복은 점점 더 자란다!

진식이네 엄마 아빠는 요즘 오후가 되면 집에 있을 시간이 없습니다. 아빠가 일찍 오는 날이면 저녁에도 바깥에 나가서 놉니다. 집안일이 좀 밀리긴 하지만 나가 노는 것이 즐겁습니다. 진식이가 바깥에서 노는 걸 좋아해서 별일 없는 한 이것을 받아주려 합니다. 아이는 더 건강해지고, 얼굴도 까맣게 탔습니다. 놀이터가 내 집인 양 놉니다. 그러다 보니 놀이 방법도 다양해졌네요. 진식이 의견을 잘 들어주니까 부모에게 자기주장도 곧잘 펼치고요. 진식이 부모 역시 아이의 의견이나 고집을 누르지 않고 들어주려 합니다. 타협도 해 보려 하고요. 조금씩 타협도 되고 통한다는 느낌이 듭니다. 하지만 다른 부모들이 진식이네 집을 걱정합니다. '너무 놀기만 하는 거 아냐? 그렇게 놀다가 나중에 공부 못하면 어떡해?'라고 말합니다. 그러나 진식이 부모는 현재에 충실하기로 했습니다. 그리고 즐기기로 했습니다. 그러다 보니 매일이 즐겁군요.

진식이네 집이 부럽지 않습니까? 이걸 오히려 불안해하는 집이 더 많을 것입니다. 비범한 가족은 현재를 제대로 즐길 줄 압니다. 현재의 행복은 미래 행복의 기반이기 때문입니다.

｜ 아이가 꼭 해야 할 과업 3가지 ｜

충분한 신체 활동

매일매일 바깥에 나가서 노는 것이 무척 중요합니다. 이것은 걷기 시작하면서부터 해야 하는 아주 중요한 작업입니다. 신체 활동은 아이의 균형 있는 발육을 돕습니다. 요즘 많은 아이들은 바깥에서 놀기보다 집에 앉아서 공부하는 정적인 일과가 주를 이룹니다. 이로 인해 대부분 아이들의 신체적인 발달이 조화롭게 되지 않습니다. 우선 행동이 어눌하고 사회성도 떨어집니다. 때론 심각한 학습 장애까지 생기기도 합니다. 활발하게 신체 활동을 해야 할 때, 그걸 하지 못하면 이 역시 스트레스가 됩니다. 그러다 보니 실내 활동에서도 산만하고, 주의력과 집중력이 짧아지지요.

신체 활동은 매우 중요합니다. 이것이 부족하면 사회성이나 운동성에 부정적인 영향을 주고, 비만으로 인한 성조숙증의 한 원인도 됩니다. 신체 활동은 문제를 예방하고 적절한 발달을 위해 필수입니다.

인지적 호기심 충족

아이는 신체 발달뿐 아니라 정서, 인지 발달을 해 나갑니다. 때문에 '이게 뭐야?'라고 끊임없이 질문하지요. 아이가 궁금해 하는 모습이 보이면 부모는 얼씨구나 싶어서 '학습'을 시작하려는 우를 범합니다. 어느 정도는 시키면 따라합니다. 그러나 시간이 흐르면서 점점 버거워 해서 학습을 부담스러워하는 아이가 될 수 있습니다. 인지적 호기심을 채우려면 궁금한 것에 대답해 주어야 합니다. 이때는 뇌 발달이 무척이나 빨라서 궁금한 것들이 많아집니다. 알면서도 물어보고, '왜'라는 질문도 많아집니다. 만약 말이 빠르고 많은 아이라면 부모가 정말 힘들 것입니다. 하지만 이 질문에 정중하게 반응하는 것은 아주 중요합니다.

바깥세상을 많이 경험시키는 것도 좋습니다. 실제로 볼 기회가 많아야 인지적 호기심도 채워질 것입니다. 책으로 동물 이름을 알기보다는 동물원에 가서 직접 동물을 보면 더 좋다는 것입니다.

주도성의 욕구 채우기

아이들은 두 돌 후부터 자아를 드러냅니다. 고집이라는 형태로 말입니다. 이제 '나도 생각이 있다'고 말입니다. 이때 고집에 대한 통로를 만들어줘야 합니다. 이 고집은 앞으로 주도성, 자율성, 독립심, 자아 존중감 등을 만들 원석이기 때문에 함부로 다루어서는 안 됩니다. 여러분이 다이아몬드의 원석을 가졌다면 어떻게 다루시겠습니까? 가치 있는 보석이 되도록 조심해서 다루시겠지요.

고집 역시 마찬가지입니다. 언뜻 보기에는 날 귀찮게 만들고 힘들게 하는 돌이지만, 잘만 다루면 아주 좋은 보석이 될 수 있습니다. 아이의 고집은 꺾어서는 안 된다는 것이지요. 꺾으면 원석이 깨집니다.

고집을 자기주장, 자기표현으로 생각하십시오. 그러면 어떻게 대할지 답이 나옵니다. 부모가 이러한 것들을 받아들일 때 아이에게 주도성과 독립성, 자존감, 자신감이 생기게 됩니다. 말도 되지 않은 떼쓰기나 고집을 왜 받아줘야 하냐구요? 이 말이 되지 않는 고집이 점점 성장하면 '괜찮은 고집'이 될 수 있기 때문입니다.

자, 부모도 자신의 의사 표현, 주장을 다른 사람이 어떻게 반응해주길 원하는지 생각해보세요. 이것이 해답입니다. '내 생각과 의사는 괜찮고 다른 사람의 의사는 안 된다? 이것은 아집이 아닐까요?

고집은 반항이며, 자기 생각의 표현입니다. 이것은 어떻게 보면 'NO'를 표현하는 것입니다. 'NO'가 나쁜 것이 아닙니다. NO를 할 수 있다면 좀 더 당당하다는 뜻이며, 자기를 지킬 힘을 키울 수 있습니다. 나중에 친구관계에서 자신에게 불리한 것, 나쁜 것을 강요받을 때 NO를 할 수 있어야 하지 않겠습니까?

결국 아이는 고집으로 부모가 자신을 어떻게 존중하는지를 경험합니다. 부모를 통해 아이는 '자존감'이라는 귀한 선물을 얻을 것입니다. 아이는 고집, 반항을 하며 자존감을 만드는 중입니다. 이것을 기특하게 여겨보십시오. 자기 생각을 표현하고 있다고요. 그러면 부모로서 어떤 반응을 해야 할지 알게 될 것입니다.

아이의 '고집'을
박수치며 환영해라

이 무렵 아이들은 바깥에서 놀려고 하고, 자기 마음대로 하려는 욕구를 보입니다. 아이는 더 활동적으로 되고, 자기 의사를 분명히 하게 되지만, 부모는 더 힘들어집니다. 부모의 의사와 상관없이 자주 나가서 놀아줘야 하고, 마찰도 계속 생기기 때문입니다. 가장 특징적인 것이 '고집'이지요. 부모들이 힘들어하는 고집 말입니다. 좋은 말로 '자기 의사 표현', '자율성', '주도성' 등으로 표현합니다.

| 아이의 고집에 대한 부모의 반응 3가지 |

대략 세 가지 반응을 보입니다. 이 반응들은 전부 자기 부모와의 관계에

서 비롯된 결과들입니다.

적극적인 호응

부모 역할이 중요하다고 여기는 사람들은 아이에게 좋은 부모이고 싶은 사람들입니다. 여기에는 자기 부모에게 못 받은 것을 자식에게 해 주고 싶은 마음이 있습니다. 자식들에게만큼은 부모를 향한 부정적인 생각이 없도록 하려고 적극적으로 호응합니다. 바깥 활동도 열심히 해 주고, 고집도 수용하지요.

내가 못 받은 걸 해 주는 것을 좋은 부모라고 여기면 자칫 실수할 수도 있습니다. 내 부모와 다르게 한다고 무조건 좋은 것은 아니니까요. 내 부모를 반면교사로 삼는 건 좋습니다. 하지만 내 부모의 반대 모습을 양육의 기준으로 삼으면 이 또한 문제입니다. 예를 들어 볼까요? 부모의 무관심이 힘들었던 사람은 자기 아이의 욕구와 상관없이 지나치게 다양한 경험을 시키려 듭니다. 아이는 이것에 불만을 품게 되겠지요. 결국 극과 극은 통하는 법입니다.

부모 관점에서 잘해주려 하지 말고 아이의 욕구나 흐름에 잘 따라가야 합니다. 많이 채워준다고 좋은 것이 아닙니다. 아이가 원하는 것을 채워줘야 좋은 부모입니다. 혹시 적극적인 호응의 바탕이 부모의 불안인지도 잘해주지 않으면 큰일 날 것 같아서 반드시 살펴봐야 합니다.

어쩔 수 없이 끌려가기

어떤 부모들은 아이와 실랑이를 하다가 어쩔 수 없이 아이의 의사를 들어줍니다. 마음이 약한 모습입니다. 혹은 갈등 상황을 싫어해서 보이는 '회피 반응'입니다. 이 경우 아이의 요구를 처음에는 거절하다가 나중에는 다 들어줍니다. 부모는 실랑이 끝에 결국 들어줬다고 여기겠지만 아이는 '기분 나쁘게 한 다음에 들어주면 뭐해'라고 생각할 것입니다. 끝까지 거절하지 못하는 부모 중 'no'라고 말하기가 힘든 사람이 많습니다. 거절한 뒤 아이가 시무룩하면 죄책감이 들고, 내 이미지가 나빠지는 것이 싫어서 기분을 풀어주려 합니다. 물론 아이 요구를 충분히 들어주려고 해야 합니다. 하지만 거절이 아이에게 상처 주는 것은 아님을 기억하십시오. 요구만 거절하시고, 마음은 이해해주는 방향으로 가시면 됩니다.

아이가 '유희왕 카드'를 사달라고 합니다. 어제도 사줬는데……. 안 된다고 했더니 아이가 울고불고 난리 났습니다. 이 모습을 보니까 안쓰러워서 아이를 달래면서 사줘 버렸습니다.

이것은 거절을 못하는 것입니다. 친절하게 '어제 샀으니까 안 돼. 다음에 사자'라고 하면 아이가 울거나 떼를 쓰겠지요. 아이를 달래지만 그치지 않습니다. 그러면 기다리십시오. 'ㅇㅇ 마음이 풀릴 때까지 엄마가 기다릴게'라면서 안쓰럽지만 울게 놔둬도 괜찮습니다.

내가 원하는 대로 이끌기

이것은 많은 부모의 모습입니다. 이 상태는 부모가 아이에게 지면 안 된다는 마음이 가득한 것입니다. 그래서 지배적인 모습으로 아이를 대합니다. 아이가 고집을 피우면 부모는 감정적으로 되고 화가 납니다. 그래서 부모가 원하는 대로 깔끔하게 마무리하려고 합니다. 고집을 피우는 상황을 부모에 대한 '반항', '도전'으로 여기니까요.

많은 부모들이 아이를 친절하게 대하지만, 아이가 고집을 보이면서 착한 부모의 모습들이 사라집니다. 두 돌 전까지는 고집 피우는 일이 거의 없어서 부모가 원하는 대로 할 수 있습니다. 하지만 아이가 작은 악마로 돌변하면서 자기 마음대로 하려 하면 부모 역시 무섭게 변합니다. 내가 원하는 대로 이끌기 위해 위협도 마다하지 않습니다. 이로 인해 자녀와의 사이는 나빠질 수밖에 없습니다.

이 시기의 아이 욕구를 부모에 대한 도전장으로 받아들이는 부모의 마음에는 '화와 분노, 반감'이 내재되어 있습니다. 무엇에 대한 분노일까요? 아이의 고집에 '날 무시하고, 반대하고 우습게 본다'는 생각이 드는 것입니다. 이런 부모의 성장과정에는 '자신의 부모에게 억압받고 통제된' 경험들이 있습니다. 아이들이 고집을 피울 수도 있습니다. 발달 단계에서 보이는 아주 정상적인 반응입니다. 그런데 이런 정상적인 반응에 종종 지나치게 화가 치민다면 나도 내 마음대로 하고픈 욕구가 크다는 뜻입니다. 통제를 많이 당한 사람들은 내 마음대로 하고 싶어 합니다. 아이도 내 마음대로 키우려고 하지요. 겉으론 '아이를 위해서'라고 하지만 그렇지 않습니다. 사실 내 욕구를 채우는 행동입니다. 아이는 통제의 대상이 아니라 보호와 존중의 대상이니까요.

애가 내 말을 안 들으면 화가 치밀어 겉으론 '버릇없다'며 아이를 야단치지만 사실 내 욕구가 자극된 것입니다. 아이를 대하는 태도에서 '내가 얼마나 욕구가 충족된 사람'인지 알 수 있습니다. 아이가 내가 원하는 대로 안 되나요? 그래서 화가 나나요? 아니면 내 마음에 아이 인생의 계획인생까지는 아니더라도이 있습니까? 이것 역시 미숙한 '내 마음대로의 욕구'가 있다는 것입니다. 내 부모에게 충족되어야 할 '욕구'였지만 말입니다.

통제 방법 중에 가장 좋지 않는 방법은 체벌입니다. 아이가 통제되지 않을 때 툭하면 '두들게 패야 말을 듣지' 아니면 '맞아야 정신 차리지' 같은 말을 하나요? 아이가 말을 듣지 않을 때 '때리는 방법'이 머리를 스친다면 '내가 맞고 자랐고, 그걸로 통제 당했구나!'라고 생각하십시오. 많이 맞은 사람일수록 자녀를 때릴 가능성이 큽니다. 많이 맞은 사람들은 '내가 힘이 생기면, 어른이 되면…….'이라는 생각을 무의식적으로 하거든요.

저명한 심리학자 칼 융은 이렇게 말했습니다. '건강한 사람은 남을 학대하거나 고문하지 않지만, 학대 받은 사람은 남을 학대하고 고문할 가능성이 크다'고 말입니다. 기억하십시오.

| 아이와 대결하지 마라 |

'내 마음대로 하고 싶고, 날 존중해 주길 바라는' 부모라면, 아마 지금 시

기가 정말 힘들 겁니다. 아이가 고집을 피우면 감정적으로 부딪히고 화도 자주 나지요. 서로 지지 않으려고 하기 때문에 힘겨루기라고 표현합니다. 만일 이때 부모가 '난 어른이니 지면 안 돼'라고 생각한다면 자신의 '주도성 욕구'가 제대로 채워지지 않았다는 표시입니다. 이렇듯 내가 어느 욕구에 걸려 있는지는 아이의 고집을 '날 무시하는 행동'으로 받아들이는가를 보면 알 수 있습니다. 대부분 결핍된 욕구는 비슷한 상황에 맞닥뜨리면 화가 나게 되어 있으니까요.

어린 시절 결핍된 주도성 욕구는, 어른이 되면서 자녀와 가족에게 통제 욕구로 드러나게 됩니다. 자기 생각과 다르게 아이가 반항하니 화가 날 수밖에요. 고집이나 반항은 통제의 대상이 아니라 키워야 하는 욕구입니다. 아이만이 아니라 부모에게도 있는 욕구입니다. 아이가 내 마음대로 되지 않아 화가 납니까? 부모의 마음에도 고집이 자리하고 있는 겁니다. 고집은 '내 마음대로 욕구'이며 자율성의 가장 초보 단계에 있는 욕구입니다.

│ 아이의 주도성과 자아에 아이처럼 맞서지 마라 │

이 단계에서 아이들은 이기는 것에 목숨을 겁니다. 특히 남자 아이들은 더 심하지요. 센 것, 이기는 것이 인생의 목표처럼 보입니다. 그래서 아이들은 아빠나 엄마를 이기려고 합니다. 게임을 해도 이기고 싶어 하고 달리기에서도, 밥 먹는 것에서도 이기려 합니다. 그런데 가끔 부모가 '사회생활에서는 지는 법도 알아야 한다'면서 져주지 않으려 합니다. 좌절감도 미리 경험해봐야 사회에 적응을 잘할 수 있다면서요. 상당히 논리적인 이유 같지만, 부모 마음속에 이기고 싶은 마음이 있는 것입니다.

부모 자녀 관계에서 이기고 지는 걸 따지는 자체가 어불성설입니다. 이기고 지는 관계가 아니라 좀 더 어른스럽고 너그러운 사람이 이제 자라는 아이를 위에서 바라봐주는 것입니다. 아이의 고집은 나와 맞붙으려는 태도가 아니라 내면에서 나오는 욕구입니다. 자아를 드러내는 좋은 모습인 것입니다. 부모를 이겨먹거나 무시해서가 아니라 아이의 발달 과정에 나타나는 필수 욕구입니다. 아이의 반항에 자존심이 상합니까? 아직도 난 부모임에도 불구하고 아직 아이라는 뜻입니다. 엄마 아빠의 역할은 자식에게 맞추는 것입니다. 자식에게까지 이상적인 자신의 엄마 아빠를 요구하지 않았으면 합니다.

｜ 아이의 기질은 모두, 전부 다 다르다 ｜

이 시기의 아이들이 많이 드러내는 기질 특성은 고집과 예민함 혹은 유순함입니다. 유순한 아이들은 부모가 키우기 쉽습니다. 그러나 고집이 세거나 예민한 아이들은 부모의 진을 다 뺄 정도로 힘듭니다. 부모는 '다른 아이들은 안 그러는데 우리 아이는 왜 그럴까? 내가 자격이 부족한가?' 싶어서 좌절하지요. 그러나 이러한 아이들은 누가 키워도 힘듭니다. 이렇게 생각해 보세요. '내가 부모 그릇이 되니까 신께서 나에게 이런 아이를 주신 것 같다'고 말입니다. 실제로 그렇습니다.

사실 이런 아이들은 아주 단순하게 접근하면 됩니다. 아이의 기질대로 그냥 반응해주면 됩니다. 달라고 하면 주고, 하고 싶은 걸 하게 해 주면 됩니다. 엄마에게서 안 떨어지려 하면 떨어질 때까지 기다리면 됩니다. 대신 마음을 비우고서 말입니다. 그러면 아이가 버릇이 없어진다고요? 천만에 말씀입니다!! 앞에서 언급한 육아 규칙 2가지도덕성, 남에게 피해주지 않기를 꼭 가르치면 걱정 없습니다.

기질을 인정하지 않고 부모와 실랑이를 많이 할수록 아이는 버릇 없이 행동합니다. 고집 센 아이에게는 부드러운 부모로, 까칠한 아이에게는 포근한 부모로 다가가세요. 강한 기질은 잘 맞춰주면 강점들이 살아납니다.

부부 관계도
잊지 말고 돌아보자

당장 눈앞에 육아가 닥쳐 있어서 자칫 엄마 아빠 역할만 강조할 가능성이 많습니다. 이것이 지나치다 보면 부부 갈등이 조장됩니다. 그러면 어떻게 해야 부모로서, 부부로서 관계를 좋게 만들까요?

이 시기는 부모와 부부 역할이 분명하게 나뉘지 않고 중첩된 부분이 많습니다. 우선은 부모 역할을 서로 충실히 해 줘야 부부 관계도 좋아집니다. 여유가 있는 쪽이 먼저 하십시오. 그러면 서로 만들 수 있습니다.

가족力이 좋은 집의 모습

남편은 집에서 아이 때문에 고생하는 부인이 안쓰럽습니다. 부인은 힘들지만 양육은 내가 해야 한다고 생각하지요. 그런데 남편이 틈만 나면 부인 보고 쉬라며 아이와 놀아주거나 집안일들을 도와줍니다. 부인은 남편이 정말 고맙습니다. 직장일로 힘든 남편이 안쓰러워 집안일을 되도록 덜 맡기려 노력합니다. 조금씩만 도와줘도 많이 받은 느낌입니다.

가족力이 낮은 집의 모습

남편이 부인을 도와주려 노력합니다. 그러나 도와주다가도 가끔 '너무 한다' 싶은 생각이 듭니다. 한 가지를 도와주면 열 가지를 요구하니까요. 그래도 부인은 계속 투정을 부립니다. 힘들다고 말입니다. 왜 빨리 퇴근하지 않느냐며 재촉합니다. 그럴수록 남편은 점점 귀가 시간이 늦어집니다.

부인은 남편이 힘들까 봐 육아를 되도록 감당하려 합니다. 그런데 이걸 아는지 모르는지 남편은 집에 오면 언제나 '상전'입니다. 드러누워서 '밥 차려 달라. 잔소리 하지 마라'고 하지요. 우리 집에는 아빠도 없고 남편도 없습니다.

결국 서로 부모 역할을 도와주고, 그걸 고마워해야 부부 관계도 좋아집니다. 즉 부모 역할이 부부 사이를 좋게 만들 수 있다는 것이지요.

아직은 개인보다 부모 역할이 우선일 때!

가끔 부부가 서로 자유 시간을 주는 것도 필요합니다. 이것은 부모로서가 아니라 부부 개인에게 말입니다. 자유 시간은 육아에 방해되지 않는 선에서 잡아야겠지요. 만약 방해된다면 아이가 더 자랄 때까지 잠시 미루십시오. 그것이 지혜로운 태도입니다. 지금은 나 개인보다 부모 역할이 더 중요하기 때문입니다.

부부는 사제 관계가 아니다

부모 노릇에 대해 배우자가 별로 참여하지 않고 도움 되지 않는다고요? 이럴 경우 정말 힘이 듭니다. 어떻게 하면 서로 조력자가 될 수 있을까요? 잘하는 배우자는 육아에서 무엇이 필요하고 어떻게 해야 하는지 압니다. 반면 못하는 배우자는 그것이 뭔지 도통 모르지요. 이럴 때 잘하는 배우자가 저지르기 쉬운 실수가 있습니다. '내 눈에 들어오는데 왜 네 눈에는 안 보이나' 싶어서 지적하거나 때론 야단을 칩니다. 이때 부모 노릇에 서툰 배우자는 자식과 같은 위치에 있습니다. 어쩌면 서툰 배우자는 그것에 자존심이 다쳐 도와주지는 않고 적반하장처럼 화를 낼 수 있습니다.

요청의 기술

부모 노릇에 서툰 배우자도 어른이니 당연히 알 거라고 생각하지 않는 것입니다. 어른이라고 다 아는 것은 아닙니다. 알 거라고 생각하면 더 화가 납니다. 그래서 소리를 지르거나 화를 내지요. 또 중요한 것은 알아서 해주길 기대하지 않는 것입니다. 부모 노릇이 서툰 배우자는 아예 모르기 때문에 알아서 해주지 않습니다. 그렇다고 자신이 잘 안다고 윗사람처럼 가르치려는 태도를 보이는 것은 좋지 않습니다. 가르치려는 태도는 부부 관계를 깨기 좋은 도구입니다. 그러면 어떻게 해야 하나요?

지금 내가 원하는 것을 '구체적'으로 요구해야 합니다. '당신 이것 좀 해 줄 수 있어? 나 지금 도움이 필요한데…….'라고 말입니다. 잘하는 배우자는 마음도 여유있게 우위에 있었으면 합니다. 서툰 배우자는 자꾸 해봐야 늡니다. 기회를 주십시오. 구체적으로 도움을 요청해서 말입니다.

돌아온 싱글,
싱글 부모 가족

　　　　요즘은 이혼을 참 긍정적으로 표현합니다. 돌싱돌아온 싱글이라고 말입니다. 편견이 전혀 들어 있지 않은 단어 같아 좋습니다. 많은 부부가 이혼을 결심하고 실행하기까지 오랜 시간이 걸립니다. 애들 때문에 참기도 하고, '남들도 이러고 사니까…….' 하는 마음으로 참기도 합니다. 그러다 특정 계기로 이혼하지요. 이혼을 어떻게 극복할지는 어떤 이유로 이혼하느냐와 관련이 있습니다. 부부 간의 성격 차이가 이혼의 제일 큰 원인인데, 성격 차이는 서로 바라는 것의 차이일 수 있습니다. 그 밖에 배우자의 외도나 양가 부모의 지나친 간섭도 원인이 됩니다. 폭력과 경제적인 무능력으로 이혼하는 경우도 많습니다.

　이혼은 인생에서 실패한 결과처럼 여겨지기 때문에 한동안 감정 정리가 쉽지 않습니다. 가장 큰 것은 남들의 이목입니다. 사실 남의 관심은 3일이면 끝납니다. 남이 날 신경 쓰는 것이 아니라 내가 남을 신경 쓰는 것이 크지요. 남들 시선보다 더 중요한 것은 '왜 내가 이런 결정을 내리게 되었는가?'를 생각해보는 겁니다. 이 책에서 지속적으로 다루는 심리적 욕구들이 이혼에 어떻게 작용했는지 말입니다. 이런 생각들이 정리되어야 다음 사람을 만날 때 같은 일을 반복하지 않을 수 있습니다.

이혼 후 자녀 양육을 맡으면 책임감이 더 커집니다. 물론 키우지 못하게 되었을 때의 아픔은 더 크겠지요. 하지만 한 부모가 되어서 아이를 키우는 일도 쉽지 않습니다. 대부분 경제 활동을 병행해야 하기 때문에 부모 역할이 버겁고 힘듭니다. 그렇더라도 이러한 한계를 극복해 여느 가정과 똑같은 환경으로 만들려는 노력은 하지 않았으면 합니다. 혼자를 추스르기도 쉽지 않습니다. 그나마 조금 정신을 차릴 수 있게 되면 아이들에게 지금 상황을 설명해 주어야 합니다. "엄마 아빠가 노력했지만 서로 맞지 않아 이렇게 되었단다. 하지만 서로 필요하면 만날 수도 있어. 엄마 아빠가 많이 원망스럽지? 정말 미안해."라고 말이지요.

한편 불의의 사고나 질병으로 배우자를 먼저 보내는 경우가 있습니다. 이 상실감은 나이가 젊을수록 더 큽니다. '혼자서 어떻게 살까?' 하는 고민과 먼저 간 사람에 대한 서운함, 양육 부담감 등으로 많이 힘듭니다. 의존적이지 않은 사람은 마음을 추스르기가 조금 나은 편이지요. 반면 배우자에 많이 의존했던 사람은 소외감, 외로움으로 많이 힘들어합니다. 이때는 전문기관에서 상담 받는 것이 좋습니다.

그리고 마음이 흘러가는 대로 슬퍼하고 힘들어하는 시간도 필요합니다. 주변 사람들은 이런 일을 생각보다 '빨리' 잊어버립니다. 하지만 배우자는 당사자이기 때문에 마음정리가 힘들지요. 간혹 주변사람들이 자신을 '힘든 일을 겪은 사람'으로 대하지 않고, 평소처럼 대해 속상한 마음이 들기도 합니다. 너무 신경 쓰지 마십시오. 주변 사람들은 자신의 일이 아니어서 모르는 것뿐입니다. 남의 위로를 기다리기보다 내 슬픔을 충분히 드러내고 '난 이런 감정이 있을 수 있어'라며 스스로 위로할 줄 알아야 합니다. 너무 슬픔을 누르지 않는 것이 나중을 위해 좋습니다.

아이들에게는 죽음을 없어지는 게 아니라 잠시 헤어지는 것으로 이야기하고, 추억을 같이 나누어 주십시오. 자주 부둥켜안고 울 수도 있습니다. 괜찮습니다. 처음에 힘들지만, 마음의 아픔이 점점 작아질 것입니다. 오히려 죽음을 비밀처럼 말하지 못하게 하면 언뜻 보기엔 슬픔을 자극하지 않아 견디기 쉬울지 모르지만, 상처는 더 남습니다. 감정을 표현할수록 아픔이나 상처는 덜어집니다. 가족의 힘이 차곡차곡 쌓여온 집부나 부모 관계가 좋았던 집은 같이 추억하기 쉽습니다. 조금씩 앞으로 나아가기도 수월하구요.

혼자이지만 이제 최선을 다해 아이의 발달 과업들을 신경 쓰세요. 아이를 방치하지 않아야 합니다. 그러면서 관심을 많이 주지 못해 아이에게 미안한 마음을 죄지은 태도가 아닌 보이는 것이 부모의 태도입니다. 그 나머지는 아이들이 감당해야 할 어쩔 수 없는 몫입니다.

한 부모가 되면 자칫 큰아이에게 부모 역할을 요구할 수 있습니다. 도와달라는 부탁은 가능해도 부모 역할을 요구해서는 안 됩니다. 아이는 부모가 아니라 자녀입니다. 자녀는 어쩔 수 없는 환경이어도 부모가 되어서는 안 되며, 혹 부모 역할을 해야 하는 상황에서도 '우리 환경이 이러니 당연하다'고 여겨서는 안 됩니다. 성장기 아이들에겐 가혹한 요구입니다.

또 하나 중요한 것은, 다른 사람들의 도움을 어떻게 받을지도 생각해봐야 한다는 것입니다. 한 부모가 되면 양가 부모의 도움도 많이 받습니다. 홀로 남았고, 경제활동을 해야 한다는 이유로 외조부모의 도움을 받습니다. 그런데 안타깝게도 '부모 역할을 외조부모에게 맡기고 자신도 자녀 자리로 돌아가는' 경우가 많습니다. 홀로 남겨졌다고 해도 자신은 아이의 부모입니다. 그래서 어른으로 부모 역할을 해야 합니다.

PART
05

비상(飛上)!
우리 집에
학생이 생겼어요!

지능, 친구, 인성이 함께 자라는 비범한 가정의 사소한 비결

가족 모두를 흔드는
여러 형태의 바람들

어느새 아이들이 학교에 갑니다. 온실에서 키운 화초를 이제 완전하게 바깥에 내놓게 된 상황입니다. 내 품온실 안에 있을 때는 어느 정도 안심되지만, 바깥에 내놓는 건 어지간한 믿음 없이는 힘듭니다. 많은 부모들이 이때 불안해하고 또 고민합니다. 아이를 새로운 환경에 보내는 것 자체가 가족 내부에 부는 바람이 됩니다. 산들바람일 수도 있고, 폭풍일 수도 있습니다. 이전 과업들을 잘 해냈다면 아이를 학교에 보내는 상황이 대견하고 즐거울 겁니다. 산들 바람처럼 기분이 좋겠지요. 물론 이 시기에 생각지도 않게 경제적 타격이 있거나 배우자의 죽음, 이혼 같은 강한 바람도 있을 수 있습니다.

가족 구성원의 변화

혹 아이가 학교에 갈 무렵에 동생이 태어나거나, 동생이 귀여움을 많이 받을 시기6개월~3돌 이하라면, 아이는 동생의 존재에 위협을 느낍니다. 아이는 항상 '누가 더 예쁨을 받느냐'에 촉각을 곤두세우고 사소한 것까지 동생과 비교합니다. 심지어 자기 할 일인 공부조차도 '왜 나만 하고 동생은 안 하냐'며 투정 부립니다. 이런 마음이 학교 거부나, 학습 거부, 친구를 지나치게 경계하는 모습으로 나타납니다.

그 밖에 같이 살던 조부모의 죽음, 부모 이혼 등이 아이에게 막연한 불안감도 줄 수 있습니다.

재능

사람마다 타고난 능력에 차이가 있습니다. 아이가 학교에서 지능이나 집중력에 문제를 보이면 이것이 가족의 내적 스트레스 요인이 됩니다. 학습에 목을 매는 부모에게는 이 상황이 견디기 힘든 시련일 것입니다.

아이의 성향

사람의 성향은 참으로 다양합니다. 많은 사람들이 적극적이고, 외향적 성향을 더 선호합니다. 그렇지만 수줍음이 많고, 한참 지켜보다가 서서히 접근하는 성향의 아이들도 있습니다. 이러한 성향들을 서로 인정해 주는 정도에 따라 가족은 스트레스를 받을 수도 있습니다.

정서적인 문제

아이에게 정서적인 욕구가 결핍되면 새로운 환경에 적응을 못할 수도 있습니다. 친구 관계나 선생님과의 관계, 학습 등에 문제가 드러나지요.

학교

학습, 학교 선생님과의 관계, 친구 관계, 부모가 학교 일로 만나는 사람들과의 새로운 관계에서 스트레스 요인이 있을 수 있습니다. 이러한 외풍의 세기는 가족 구성원들이 어떻게 느끼느냐와 상관이 있습니다.

친구 관계

친구들과 어떻게 관계 맺느냐에 따라 학교 적응도 달라집니다. 이것은 부모의 친구 관계이기도 합니다.

이러한 차가운 바람들이 가족들을 더 강하게 만들 수도, 더 약하게 만들 수도 있습니다. 어떻게 하면 가족의 힘이 강해지고 난관들을 헤쳐 나갈 수 있을까요? 우선 불어오는 바람의 종류고민, 스트레스를 알 필요가 있습니다.

미약한 가족들의 특징,
온 식구 전투태세!

　　　　아이가 입학하면서 많은 부모들이 긴장하며 전투태세가 됩니다. 이제 공부와의 전투가 시작되니 불안감이 고조되지요. 이제 아빠는 돈을 더 열심히 벌어야 하고, 엄마는 엄마 친구들과 만나며 정보를 얻고 열심히 아이 뒷바라지를 해야 할 것 같아 마음이 조급해집니다. 상담해 보면 우리나라에서 가장 아이 공부에 대해 걱정이 많은 시기가 바로 이때, '유치원부터 저학년까지'입니다.

| 아이의 숙제를 대신해 주는 엄마 |

이 시기의 부모들은 가장 많이 미래를 불안해하고, 아이가 공부 못하면 큰일 날 것 같고, 모든 행복이 공부에 있다는 생각을 합니다. 아이를 학원에 보내지 않고 놀이터에서 놀게 하면 '방치하는 부모'가 되어 있습니다. 주변에서는 '저 집 부모는 애를 제대로 챙기는 거야?'라는 따가운 시선들을 보냅니다. 남들이 다하니 학원도 꼭 보내야 하는 곳이 되었습니다.

학습 때문에 학교 가기 전부터 실랑이가 시작됩니다. 한글을 배우고, 수학도 어느 정도 되어 있어야 하고……. 유치원에서도 미리 학교 경험을 한답시고 숙제를 줍니다. 잘 따라가는 아이도 있지만 대체로 무척 싫어하지요. 아이가 어떤 반응을 보이든 이제 학습은 의무가 되었습니다. 아니, 의무라고 인식합니다. 이 의무는 다른 어떤 것보다 중요합니다. 공부를 잘하면 어떤 잘못도 용서되고 이미지도 좋아질 거라고 착각합니다.

부모는 이제 일심동체가 되어서 아이 학습을 돕기로 합니다. 교사들이 우리 아이를 어떻게 대할지는 '부모가 어떻게 하느냐'에 달렸다고 해석합니다. 선생님들이 내준 숙제도 부모가 열심히 붙들고 합니다. 아이 스스로 생각할 기회를 주지 않고 말이지요. 그림도, 만들기도 다 돕습니다. 심지어 방학 숙제를 숙제 사이트에서 주문 제작하기도 합니다. 더 나은 과제를 내기 위해서 말입니다.

많은 엄마들이 "대신 숙제해 주는 게 비교육적인 거 안다. 하지만 아이가 한 게 선생님에게 인정받지 못하면 어쩌냐? 엄마가 안 도와주면 관심이 없어 보일 수도 있다"고 말합니다. 정말 그럴까요? 엄마들이 이런 상황을 너무 당연하게 받아들인 것은 아닐까요? 이런 방법으로 인정받으려는 것은 부모나 아이 내면 깊숙이 '자신을 인정하지 못한다'는 반증입니다. 선생님의 인정보다 더 중요한 것이 부모와 아이 스스로의 인정인데 말입니다.

자, 부모의 이러한 행동은 어디서 비롯될까요? 이것은 아이와 엄마가 잘 분리되지 않은데다가, 아이에 대한 평가를 곧 나에 대한 평가로 인식하는 데서 비롯됩니다. 왜 분리되지 못할까요? 앞서 고집을 통해 아이의 자율성, 독립심을 심어주며 분리했어야 하는데 그러질 못했기 때문입니다.

남들의 시선을 의식하는 엄마 대부분은 자신이 책임감 속에 자란 케이스입니다. 부모 역할을 제대로 해 주지 못하면 아이들은 자생합니다. 스스로 자신을 챙기기 때문에 '야무진 아이'로 자랍니다. 그렇다 보니 자신의 모든 행동을 책임져야 해서 남들이 하는 말을 '평가'로 듣습니다. 이렇게 자란 부모는 내 아이의 일거수일투족도 나에 대한 평가로 봅니다. 그러니 아이의 공부나 학교생활에 개입할 수밖에 없지요. 결국 내 아이가 엄마 없는 무능한 엄마를 둔 아이처럼 여겨질까 봐 개입하는 겁니다. '인정받아야 하는' 마음이 더 크기 때문도 있습니다. 내 존재감이 아이의 행동과 직결된다는 것이지요. 이것은 부모에게 인정받지 못한 사람들의 내면입니다.

결국 아이의 학교생활조차도 내 부모와의 관계가 영향을 준다는 것이지요. 다른 사람에게 인정받기를 원하는 것은 그만큼 내 부모에게 인정받기를 기대했다는 뜻입니다.

부모는 '지금 인정받으려고 하는 행동 때문에 내 아이가 오히려 자신감이 없는 아이로 클 수 있다'는 것을 알아야 합니다. 현재가 불안하십니까? 불안을 없애려고 학습에 비이성적으로 매진하면 미래에 더 심각한 불안이 올 수 있습니다. 아무리 많은 전문가들이 아이의 학습에만 몰두하면 스트레스를 받고, 주도적인 학습은커녕 인성에도 문제가 생길 수 있다고 해도 부모 귀에는 들리지 않습니다. 내 불안, 내 성취를 위한 것이기 때문에 매진합니다. 아이의 생각과 감정을 조금만 살핀다면 그러지 않을 텐데 말입니다.

그러나 이러한 지적으로 부모 아이를 살필 수 있다면, 정말 아이를 위한 것이 뭘까 고민하게 될 것입니다. 이러한 고민은 부모를 부모답게 만듭니다. 이것이 가족의 힘을 키울 것이며, 이 긍정적인 힘은 점점 자라 내외풍에 흔들리지 않는 가족을 만들어줄 것입니다.

학습 비교는 엄마를
유치하게 만든다

공개 수업 날, 기대 반 걱정 반으로 아이의 교실로 갔습니다. 교실에 아이들의 그림이며 만들기 등이 전시되어 있었습니다. 다들 왜 이렇게 잘했을까요? 우리 아이 것을 보니 괜히 주눅이 듭니다. 우리 아이 것이 다른 아이에 비해 뒤처지는 건 아닌데, 뛰어나게 잘한 아이 것에 자꾸 시선이 갑니다. 엄마들 말을 들어 보니, 그 아이는 운동도 잘하고, 못하는 게 없다고 합니다. 수업 시간이 시작되었습니다. 그 아이는 발표도 잘하는데, 우리 아이는 적극적이지 않습니다. 태도도 엉망이었고요. 눈치를 주고 바로 앉으라고 해도 말을 듣지 않습니다. 창피하고 속상했습니다. ○○ 엄마라는 것이 이렇게 창피할 수가 있을까요? 뭐든 잘하는 아이는 '엄마 역시 당당해 보였습니다.' 집에 돌아온 뒤 며칠은 유치하게 아이에게 잔소리하고 분풀이를 했습니다.

학교생활이 시작되면, 엄마들은 반 모임을 하면서 친분을 쌓아갑니다. 모임에서 '나의 존재는 ○○의 엄마' 이상 그 이하도 아닙니다. 아이가 뭔가 잘하면 엄마도 덩달아 가치가 올라가고, 그렇지 않으면 주눅이 듭니다. 어쩔 수 없이 다른 집 아이가 자기 엄마를 어떻게 대하는지도 보게 됩니다. '저 집 아이는 엄마 말을 참 잘 들어' 식의 표현은 부모 존재감에 영향을 미칩니다. 우리 아이가 날 어떻게 대하는지에 예민하지 않을 부모는 없겠지만, 특히 의미를 두는 사람들이 있습니다.

이런 엄마들은 아이의 태도를 엄마의 능력과 존재를 존경하는지 여부로 느낍니다. 다른 엄마들과 견주어서 말이지요. 그러다 보면 남들 보는데서 아이가 말을 듣지 않으면 지나치게 감정적이 됩니다. 반면 말을 잘 듣는 아이의 엄마는 괜한 우월감을 느껴 다른 엄마에게 조언까지 합니다. 이런 조언을 들으면 무척이나 기분이 나쁘지요. 아이 엄마와 그 아이, 내 아이까지 다 미워집니다. 정신을 차리고 보면 '내가 아이를 상대로 질투하고 있는 한심한 엄마'임을 깨달을 겁니다.

의도하지는 않았지만 엄마들 사이에 팀별 경기가 시작됩니다. 내 편, 네 편을 나누고 있지요. 우리 아이를 지지하는 엄마로서는 같은 편이지만편이어야 하지만, 경쟁 레이스 상황으로 착각한다면 분명 같은 편을 비난하는 마음도 있을 것입니다. 착각하지 마십시오. 지금 경쟁 레이스라고 생각하는 것은 착각이기도 하고 선택이기도 합니다. 남들이 경쟁을 부추긴다고 '싫으면서도 하는 것'은 내 의지를 꺾는 행동이지 않습니까?

　요즘은 엄마들도 SNS를 많이 합니다. 카톡에 아이가 받은 상장도 찍어 올리고, 어버이날 받은 편지나 꽃도 올리고, 아이가 안마해 주는 사진도 올립니다. 그런데 이 속에도 보이지 않는 경쟁, 비교가 있습니다. 아닌 척 '보란 듯이' 자랑을 합니다. 이런 사진을 보면 괜히 난 우리 아이에게 대접 받지 못한 기분이 듭니다. 이 마음은 무슨 마음입니까? 아이에게서 대접 받고 싶다는 것은 내 엄마가 해 줬으면 했던 것을 아이에게 원하는 격입니다. 엄마의 마음은 어린 자녀가 되어 버렸습니다. 아이가 입학하기 전에는 자식으로 인해 인정받고 싶다는 마음 따위는 없었습니다. 그저 아이를 예뻐하는 마음뿐이었습니다. 하지만 아이가 학교를 들어가면서 아이가 내 존재 의미와 지나치게 연결되어 버립니다. 자신도 모르게 말입니다. 그냥 그럴 수 있는 마음일까요? 자식을 자랑하고 싶은 내면을 한 번 뒤집어 보십시오. 기대하지 말아야 할 곳에 기대는 것은 자신의 위치를 망각하는 것입니다. 나는 엄마입니다. 엄마가 아이를 인정하고 이해해줘야 합니다.

　아이가 조금씩 커가면서 다른 엄마들과 비교합니다. 'ㅇㅇ 엄마처럼 엄마도 좀 친절해 봐'라든가 '예쁘게 입어' 등등. 갑자기 내 존재를 무참하게 짓밟는 느낌이 듭니다. 질투와 속상함이 섞여서 감정적으로 반응합니다. '그렇게 좋으면 그 집 가서 살아'라면서 말이죠. 아이들 말에 왜 이렇게 흥분하게 될까요? 스스로 생각해도 유치하기 그지없습니다.

　누군가가 날 인정해 주면 난 그 존재가 되는 걸까요? 우리 아이가, 이웃 사람들이 날 인정해줘야만 내 존재가 가치 있는 걸까요?

아이 걱정만 하는
부모의 덫, 피해의식

넓은 바깥세상으로 아이를 내보내면 부모는 무척 불안해합니다. 우리 아이가 잘 적응을 할지 걱정하지요. '과연 선생님이 공정하게 대해 주실까?' 그래서 새 학년이 될 때마다 담임선생님을 직접 만나 확인합니다. 학급운영위원회에도 참여해서 되도록 가까이서 걱정을 해소하려 합니다. 엄마 모임에도 열심히 참여하고 아이들도 여러 그룹 수업에 참여시킵니다. 그러면서도 매번 나와 우리 아이를 허술하게 대해 준다는 느낌이 자꾸 듭니다. 이러한 피해의식이 있다 보면 모든 일을 감정적으로 보고 엉뚱하게 화내는 일들이 생깁니다. 피해의식이 많은 부모의 공통점은 불안이 많다는 것입니다. 자신의 생각이 옳다는 것을 증명하려고 피해 입은 것들에 지나치게 집중합니다.

아이들끼리 가위바위보를 해서 진 사람이 다른 아이들의 가방을 들어주기로 했답니다. 한 아이가 지게 되었고 울면서 서너 명의 가방을 억지로 들었답니다. 집에 와서 아이가 속상하다고 말하자 부모는 '우리 아이가 왕따를 당하는구나' 싶어서 교장선생님에게 항의 전화를 하고 교육청에 전화하여 폭대위폭력대책위원회가 열렸습니다. 결국 가방을 매게 한 아이들이 반성문을 쓰는 것으로 일단락되었는데, 그 후 아이는 친구들과 서먹해져 혼자 다니게 되었습니다. 사실 이 아이는 가위바위보에서 진 것이 속상해서 이야기한 것뿐이었습니다. 부모는 제대로 알아보지 않고, 아이가 왕따를 당한다고 단정했던 겁니다.

이 사례처럼 피해의식이 있는 부모는 아이를 지나치게 보호하려다 보니 오히려 아이에게 피해를 주는 결과를 만듭니다. 정말 아이를 보호하는 건지, 내 마음 깊숙한 곳에 있는 어린 시절의 나를 보호하는 건지 고민해 봐야 합니다. 만일 아이에게 피해의식이 있다면 부모는 '내가 충분히 보호해 주고 사랑해 주지 못한 결과'라고 이해하십시오. 이제 부모가 더 신경 쓰면 됩니다.

만약 부모가 피해의식이라면 쉽게 고칠 수는 없습니다. 대신 지나치게 보호하려 드는 게 과연 진정한 보호일지를 고민해야 합니다. 또한 주변 사람들의 조언을 들으며 문제를 '빨리 해결'하려 들지 말아야 합니다. 가끔 뉴스나 신문에 부모가 욱하는 마음에 학교를 찾아가 내 아이를 때린 아이를 때리는 사건을 보지 않았습니까? 빨리 해결하려 들면 '부모가 마음대로 판단해서 감정적인 행동을 할' 가능성이 큽니다.

친구 관계에서
가장 중요한 2가지

　　최근 매스컴에는 왕따 사건이 자주 나옵니다. 부모들은 우리 아이도 그런 일을 당할까 봐 노심초사합니다. 아이 친구 관계에 대한 불안 때문에 엄마들은 더 적극적으로 친구 관계에 개입합니다. 엄마들은 아예 그룹을 만들어서 아이가 축구나 스케이트, 발레, 논술, 영어, 미술 등을 배우게 합니다. 마음에 드는 사람, 아닌 사람을 걸러 내어서 말입니다. 좋은 친구와 좋은 환경을 부모 손으로 만든다는 것입니다.

　　질? 좋은 아이들을 모아서 그룹 수업을 하려는데, 이게 쉽지 않습니다. 아이 주변을 내 손으로 정리한다고 과연 부모가 원하는 대로 될까요? 엄마가 친구 관계에 적극적으로 개입하다 보면 우리 아이가 제일 이상한 아이가 될지도 모릅니다. 엄마 손 안에만 있다 보면 아이의 정서나 사회성이 한

정됩니다. 그리고 이쯤에서 한번 생각해 봅시다.

　엄마가 직접 골라낸 친구들이 어떤 인물로 자랄지 어떻게 알 수 있나요? 지금은 착한 아이처럼 보여도 전혀 다르게 성장할 수도 있는데 말이지요.

　혜진이는 친구들에 대한 관심은 많지만 잘 어울리지 못합니다. 친구들이 말을 붙이면 그냥 가만히 있습니다. 학기 초에 친구들이 말을 붙이다가 반응이 없으니 혜진이에게 다가오질 않았습니다. 집에 와서 혜진이는 많이 속상해하며 '친구들이 나만 빼고 놀아'라고 말합니다. 이 말을 들으면 친구들이 마치 혜진이를 왕따시키는 것 같습니다. 엄마가 속상해서 담임선생님을 찾아가 반 아이들을 만났습니다. 그런데 이게 웬일인가요? 혜진이의 반응이 문제라는 것입니다.

　혜진이 부모는 말수가 적고 사교적인 성격이 아니었습니다. 그래서 아이가 자길 닮았나 싶었지요. 그런데 상담을 받으며 유전적인 문제가 아니라는 걸 알게 되었습니다. 혜진이가 태어났을 때 부부는 시댁 문제로 갈등이 많았습니다. 둘이 그 문제에 집중하느라 혜진이와 같이 놀아준 적이 많지 않았습니다. 배고프다고 울면 밥 먹이고 씻기기만 했지요. 부모는 아이의 성장에 대한 평가 상담을 받을 때 아이 어린 시절에 대한 질문을 받았습니다. 가만히 생각해보니 혜진이의 유치원 시절까지 머릿속에 기억이 별로 없습니다. 그저 이런 생각만 들 뿐입니다. '그때 내가 어디다 정신을 쏟고 있었지?'

친구 관계에서 가장 기본적인 토대는 아이와 부모의 관계가 어떠하느냐 입니다. 가장 중요한 것은 두 가지입니다. 인간관계를 맺을 수 있는 능력과 상황을 파악하는 능력입니다. 이 두 가지가 제대로 되어 있지 않으면 아무리 부모가 친구들을 붙여주려 노력해도 한계가 있습니다.

｜ 인간관계를 맺을 수 있는 능력 ｜

인간관계 능력에서 가장 중요한 것은 엄마의 보살핌입니다. 아이가 태어나서 몇 년 동안은 엄마와의 관계에서 여러 가지를 배웁니다. '엄마가 날 예뻐해 주고 필요한 것들을 채워주어 기분 좋음을 꾸준히 느꼈다면' 아이는 다른 사람과 관계를 맺을 능력이 생깁니다. 엄마와의 관계에서 슬픔야단, 지적, 부적절한 훈계이나 속상한 경험이 더 많다면, 아이는 돌봐진 것이 아닙니다. 아이가 혼자 잘 지내서 내버려둔 것일지라도 돌본 게 아닙니다.

그리고 아이가 엄마를 좋아하는 것이 관계가 좋다는 의미는 아님을 알아두세요. 어떤 경우, 아이는 부모에 대해 애틋함, 불쌍함을 느낄 수 있습니다. 이런 마음이 친구를 사귀는 데도 영향을 줍니다. 다른 사람에게 자신의 감정을 제대로 표현하지 못하거나, 누군가 자신에게 관심만 주어도 불합리한 행동에 맞서 제대로 대응하지 못할 수 있습니다.

좋은 관계는 결국 부모가 맺어서 생기는 것입니다. 먼저 부모가 시작해야 하지요. 어떻게 맺냐구요? 제일 먼저는 아이가 좋아하고 관심 있는 것, 놀이에 맞추어 반응하는 것입니다. 말하기 좋아하는 아이는 말을 들어 주면 되고, 바깥에서 놀기 좋아하는 아이는 함께 나가 놀아줍니다.

부부가 연애할 때를 생각하십시오. 얼마나 상대방에게 맞춥니까? 서로 맞추다 보면 '날 사랑하는구나' 하는 마음이 생기지요. 연애는 서로 맞추지만 양육은 부모가 아이를 맞추는 것입니다. 이것이 제대로 되면 아이의 관계 능력은 자연히 생깁니다.

｜ 눈치 - 상황 파악 능력 ｜

또 하나는 상황 파악 능력입니다.

지승이는 사교적인 아이 같습니다. 아무나 하고도 잘 놉니다. 문제는 너무 좋아해서 탈입니다. 친구들이 싫어하는 행동도 합니다. 대뜸 껴안기도 하고, 친구들이 노는 데 가서 무작정 끼어듭니다. 끼어들 수도 없는 놀이인데도 말입니다. 지승이가 좋아하는 만큼 친구들에게 환영받지 못합니다. 지승이는 관계 맺고 싶은 마음은 크지만, 상황 파악 능력눈치이 떨어져서 오해를 받습니다. 지승이도, 부모도 말입니다.

이런 눈치는 눈칫밥 먹어서 생기는 눈치와는 다릅니다. 상황을 파악한다는 것은 나와 다른 사람에 대한 객관적인 구분이 되어야 합니다. 나의 욕구에만 몰입되거나 남의 욕구에만 몰입하면 상황이 제대로 파악되지 않습니다. 특히 자신의 욕구에만 너무 치중되면 눈치가 더 없겠지요.

구분이 되려면 사랑, 관심의 욕구가 채워지고 부모와 적절한 분리 즉, 독립이 되어야 합니다. 독립은 곧 주도성이나 자율성 욕구를 통해 얻을 수가 있지요. 이러한 독립으로 다른 사람을 좀 더 객관적으로 보게 됩니다. 거리를 두어야 상대편과 주변 상황을 볼 수 있습니다. 지나치게 가까이 있으면 제대로 보이지 않습니다.

엄마 아빠 '만' 모르는
아이의 진짜 고민

이제 아이들의 고민을 살펴볼까요? 사실 부모들이 아이를 편안하게 풀어주고, 하고 싶은 일을 하게 해 주면 아이들은 큰 고민 없이 지냅니다. 아이들에게 심각한 고민이 없다면, 이 가족의 힘은 좋은 방향으로 커 가는 중입니다. 그런데 부모가 자녀를 의도적으로 잘 키우려다 보니 아이들의 고민이 많아집니다. 공부 잘하는 아이로 만들려고 학원을 여러 군데 다니게 해 아이는 학습이라는 굴레에 빠집니다. 친구도 부모가 만들어준 친구랑 놀아야 하기 때문에 자유로운 분출이 어렵습니다. 아이가 원하는 시간과 장소에서 마음껏 놀아야 하는데 말이지요. 아이의 정서를 위한답시고 바이올린, 미술, 서예, 피아노 등을 시켜서 실랑이를 합니다. 아이의 마음에는 분노, 속상함이 더 생기지요. 결국 아이들은 부모가 많이 놀아줬으면 좋겠고, 공부 때문에 야단 안 쳤으면 좋겠는데 이것이 늘 부족합니다.

| 아빠의 '군대 무용담'화된 아이 성적 |

아이가 어릴 때는 엄마가 아이와 아빠를 엮어주려고 애를 썼습니다. 잔소리도 하고 화도 냈지만 아빠는 바쁘다는 이유로 양육을 나 몰라라 했습니다. 그런데 이게 웬일입니까? 부인이 아이와 실랑이할 때는 '너무 욕심 부리지 마라. 공부가 인생의 전부냐'라며 면박을 주던 남편의 태도가 아이가 고학년이 되자 달라졌습니다.

저학년 때는 엄마들이 주로 아이의 학습이나 학교생활을 책임집니다. 아이가 고학년이 되면 서서히 아빠의 개입이 커집니다. 문제는 아빠의 개입이 너무 생뚱맞게 느껴진다는 것입니다. 마치 전부터 관여했던 사람인 양 조심성 없이 개입합니다. 그 결과 엄마 자녀 사이의 갈등이 아빠와 자녀 사이로 옮겨오는 경우가 생깁니다.

대표적으로 갑자기 성적에 신경 쓰기 시작합니다. 아이가 몇 등 하는지를 신경 쓰는데 이러한 변화는 부인과 아이가 볼 때 황당한 것입니다. 아이 성적이 낮으면 아빠는 부인에게 '여태 당신이 교육을 제대로 한 거냐. 돈만 낭비 했네'라는 질타를 보냅니다. 안 그래도 아빠에 대한 감정이 좋지 않다면 엄마와 아이는 밀착되어 방어합니다. 시끄러워질까 봐 아빠에게 성적을 숨깁니다. 이런 걸 한 번이라도 들키면 아빠는 소외감에 더 화를 냅니다. 소외감과 더불어 기대만큼 자식 농사가 잘되지 않아 속상한 것이지요.

결국 부부싸움이 생기게 되고, 남편의 잔소리를 듣기 싫은 엄마 역시 아이의 성적을 닦달하게 되어 관계는 더 비뚤어집니다.

분명 아빠의 역할은 필요합니다. 그런데 그 역할이 학습적 성취감에 집중되면 아이와는 더 멀어집니다. 아빠들이 이러는 이유는 자식을 통해 '다른 사람에게 두드러져 보이고 싶은' 자신의 욕구 때문입니다. 아빠라면, 자녀가 뭘 원하는지를 봐야 하지 않을까요? 아빠이기 때문에 자녀를 바라보고 파악할 필요가 있습니다.

많은 아빠들이 회식자리나 친구 모임에서 자식 자랑을 마치 '군대 영웅담'처럼 하고 싶어 합니다. 그런데 자식이 자랑거리를 주지 않으면 얼마나 화가 나겠습니다. 친구들이나 직장동료, 부하 직원들의 자식보다 못하다는 생각에 '패배감'까지 들기 때문입니다. 하지만 뒤늦게 육아에 뛰어 들었다면, 여태 못했던 것들을 챙겨줘야 합니다. 공부 때문에 스트레스는 없는지, 뭐가 필요한지 등을 살피고 아이와 즐겁게 보낼 시간을 고민해야 합니다.

아이의 자립심을 위한
엔진만 깨워주기

　집에 학생이 생기면 부모들은 어떤 마음이 들까요? '어휴 이제 내 시간이 더 생겼네'라고 할까요? 아니면 '이제 아이 고등학교 때까지 나는 없어. 아이에게 올인해야지'라고 할까요? 아마 후자일 것입니다. 부모가 아이 학습을 위해 존재한다고 여긴다면, 부모와 부부의 과업은 '어떻게 하면 아이가 공부를 잘하게 만들까?'입니다. 이 때문에 심지어 직장을 그만두는 엄마도 있습니다. 이런 가족은 아이 학습에 애를 쓰지만 행복하지 않고, 순간순간 불안해합니다.
　하지만 차근차근 가족의 힘을 축적해온 집은 이 시기에도 가족의 행복과 업을 추구합니다. 아이는 아이대로, 부모는 부모대로, 자신의 위치에서 삶을 이끌어나갑니다. 또 '학생이 생겼다'는 사실과 학습에 초점을 두기보다 아이의 신체발달, 정서발달, 지적발달을 조화롭게 하는 데 집중합니다. 자, 그렇다면 아이의 발달과 인격의 바탕을 위해 비범한 가정은 무엇에 초점을 맞출까요?

| 성취감의 가장 기본 조건, '나' |

성취감은 내가 뭔가를 노력해 기대한 결과를 얻었을 때 생기는 감정입니다. 이 성취감에서 가장 중요한 것은 '내가' 입니다. 진정한 성취감은 나 스스로가 전제되어야 합니다. 그래야만 성취감으로 인한 자신감이 생길 테니까요. 그러나 많은 부모가 결과물을 얻기만 하면 성취감이 생긴다고 여깁니다. 그림, 글짓기, 수학 경시, 피아노, 태권도, 합기도 등에서 상을 받는 게 중요하다고 여기지요. 이것은 성취를 통한 뿌듯함을 느끼게 하려는 의도일 겁니다. 하지만 그걸 위해 부모가 아이의 학습, 숙제 등을 대신한다면 아이 내면의 기쁨을 살리지 못합니다. 상을 받아 칭찬 받는 게 좋긴 하지만 스스로 하지 않았거나 편법으로 받았다는 걸 알게 되면 고학년 즈음 아이가 창피해할 수 있습니다. 또한 결과물에만 급급하면 그게 목적이 될 수 있습니다. 그러다 보면 편법을 써서라도 상을 받으려 하고 어른이 되어서도 좋지 않은 방식을 답습하게 될지 모릅니다.

부모가 학교의 일을 해서 졸업할 때 아이들이 대외상을 받는 경우가 있습니다. 학교가 부모의 공을 인정해서 아이에게 주는 상입니다. 상당히 비교육적인 상황이지요. 부모들은 아이들을 위한 마음으로 일한 것입니다. 그런데 이 상으로 인해 여기에 보답하는 게 당연하다고 여기게 되지 않을까요? 이러한 것들이 아이들로 하여금 무엇을 느끼게 하는지 고민해 봐야 할 것입니다.

이 상황에서 부모가 상 자체에 목적을 두면 아이보다 더 적극적으로 됩니다. 물론 아이가 잘하고 싶어 해서 도와주는 것이면 별 문제가 안 됩니다. 아이는 별 생각이 없는데 부모가 아이의 성취감을 위해 노력하는 것은 아무 소용이 없다는 것입니다. 오히려 그것이 부모의 성취감이 되어, 자녀 양육에 대한 '엉뚱한 자신감'만 생기겠지요.

성취감을 느끼게 하려면 무엇보다 기회가 많이 주어져야 합니다. 그리고 실수해 봐야 합니다. 실수는 기회를 줘야 가능한 것입니다. 어릴 때는 우유도 혼자 따르다 흘려 봐야 하고, 옷도 이상하게 입어봐야 합니다. 학령기가 되면, 이런 기회들이 아이가 하고 싶은 것과 하기 싫은 것에도 적용되어야 합니다. 이것은 아이에게 주도성을 인정해 주는 것입니다.

의외로 학령기 부모들은 '부모 말을 들어야만 성공할 수 있어'라는 태도로 덤벼듭니다. 입학과 동시에 엄마 모임을 통해 학습 정보들을 얻고 아이에게 무조건 적용합니다. 이러한 분위기에서 성취감은 당연히 없습니다.

상담 현장에서 많은 부모들이 '어릴 적 공부 잘한다'는 소리를 들었지만 사실 열등감이 많다고 고백합니다. 엄마에게 야단 맞아가면서 억지로 얻은 점수라면 100점을 맞은 순간에만 성취감이 느껴집니다. 껍데기일 가능성이 있다는 것입니다. 이 시기에는 아이에게 많은 기회를 주어야 합니다. 그래야만 성취감과 독립심이 탄탄하게 자랍니다.

'때'를 기다리면 말려도 알아서 한다

한 아이가 4학년 때 '난 영어 학원을 다니고 싶지 않아요. 내가 미국사람도 아닌데 왜 다녀야 하나요?'라며 학원을 거부했답니다. 부모는 내심 얼마나 걱정했는지 모릅니다. 안 다니던 아이들도 4학년이면 다들 다닌다는데 우리 아이는 하던 것도 안 하면……. 부정적인 생각이 꼬리에 꼬리를 물었지요. 부모는 설득했지만, 아이의 뜻이 워낙 강해서 영어를 쉬게 되었습니다. 그러고는 어디에 관심을 두었는지 아십니까? 십자 퍼즐, 레고 놀이로 이것저것 원하는 것을 만들더니 급기야 체스를 연구하기 시작했습니다. 영어와는 전혀 상관없이 말입니다. 아이는 1년 반 이상 자기가 원하는 활동에 집중했습니다. 그러더니 돌연 영어 공부를 하겠다며 학원을 보내달라고 했습니다. 스스로 원했기 때문에 알아서 학원도 잘 가고, 숙제도 해 갔습니다. 결과적으로 엄마가 신경 쓸 일이 줄었지요.

과연 얼마나 많은 부모들이 이러한 상황에 당당하게 대처할 수 있을까요? 사실 힘듭니다. 지금 손을 놓으면 평생 뒤처진다는 이상한 논리를 가지고 아이를 보기 때문이지요. 강압적으로 시키면 아이가 공부에 질리게 되고 그걸 피하려 들겠지요. 기회도 마찬가지입니다. 기회를 잘 주지 않으면 '어쩌다 잡은 기회부모의 뜻에 반하는 것'를 절대 놓치고 싶지 않아합니다. 그냥 아이가 원하는 대로 해 줘도, 평생 그렇게 할지 여부는 얼마나 기회를 많이 주었느냐에 달려 있습니다.

놀아야
책임감을 배운다

많은 사람들이 요즘 아이들이 책임감과 참을성이 없다고 걱정합니다. 왜 아이들이 책임감이 없을까요? 인생에서 책임감은 무척 중요한데 말입니다. 가르치지 않아서일까요?

| 내가 선택했기에 내가 책임진다 |

앞서 성취감에 대해 살펴본 것들이 결국은 책임감과도 연결됩니다. 책임감의 출발점은 '내 일로 인식'하느냐 입니다. 그러려면 '내가 선택해야만' 합니다. 이런 의미에서 아이에게 선택의 기회를 얼마나 줬는지가 책임감의 토대를 만들 것입니다. 물론 선택의 기회가 있다고 '당장 책임감 있는 행동'을 하지는 못합니다. 하지만 이러한 것들이 쌓이면 점점 책임감 있는 모습이 나타납니다.

학년이 오를수록 자신이 선택할 수 있는 영역들이 많아져야만 책임감이 자라납니다. 그런데 많은 부모들이 아이에게 억지로 시킨 뒤 책임도 지라고 요구합니다. 그러면 강요된 책임감은 내 것이란 생각이 없기 때문에 무책임한 행동을 보입니다. 변명과 눈 가리고 아웅 하는 모습, 거짓말 등이 그 결과입니다. 공부만이 인생의 전부라고 여기는 부모 슬하에서는 결코 책임감 있는 아이가 자라지 않습니다. 왜냐하면 아이들은 학습이 아니라 놀이를 선택하니까요. 놀이를 선택하는 걸 허용하지 못하는 부모는 아이의 책임감 역시 기대하면 안 됩니다.

결국 성취감과 책임감은 아이가 선택할 기회를 충분히 가져야만 길러집니다. 아이에게 '네가 알아서 해', '네가 결정해'라고 말하는 것이 기회를 주는 건 아닙니다. 부모가 결정해놓고, 선택을 유도하는 것 역시 선택이 아닙니다. 부모가 '아이의 의사'를 들으려 하고 '너는 어떻게 하고 싶어?'라고 질문해줘야 합니다. 이렇게 질문하는 것이 아이에게 기회를 주는 것입니다.

| 아름다운 아이의 조건, '인간다움' |

욕구 충족은 아이 인격 형성에도 큰 뼈대가 됩니다. 이 시기에는 자유로이 선택의 기회를 가지는 것과 안락한 보살핌이 충족되어야 합니다. 이것이 되면 인간다움이 만들어집니다. 사람이 가장 아름다울 때는 인간다움을 바탕으로 다른 이를 공감할 수 있고, 배려하게 될 때입니다.

　이것은 가르쳐서 될 것이 아닙니다. 인간다움이 갖춰지면 자연히 다른 사람에 대한 공감과 배려도 가능해집니다. 그런데 결과에 너무 치중해서 성취감만 강조되면 친구 관계에도 부정적인 영향을 끼칩니다. 예컨대 1등을 하기 위해서 친구 사이에 약은 수를 쓰거나, 노트를 빌려 주지 않고 모함을 하는 등 부적절한 행동을 보입니다.

친구 사이에서의 배려와 공감 능력이 아이를 성장시킨다

　　이때 인간다움이 잘 형성되면 사람은 친밀감에 대한 욕구가 있기 때문에 친구 관계로 자연스럽게 흐름을 타게 됩니다. 부모가 친구 관계를 넓혀주는 게 아니라 아이가 친구 관계에 더 의미를 둔다는 이야기입니다. 부모와의 관계에서 받았던 것들을 이제 친구 관계를 위해 쓰게 되며, 부모에게 의존한 것을 이제는 친구에게 의존하게 됩니다. 부모 입장에서는 무척 속상할 수 있습니다. 이제는 부모보다 친구가 우선이니까요. 그러나 아이의 발달을 원한다면 이러한 속상함을 참아야겠지요.

　　부모보다 친구에 의존한다는 것, 이것이 부모를 등한시한다는 뜻은 아닙니다. 부모와의 안정된 관계를 바탕으로, 이제는 친구들과 더 가까워진다는 것입니다. 이것이 제대로 된다면 친구와도 좋은 관계를 맺게 됩니다.

한편 부모와의 관계를 어느 정도 마무리하지 못한 상태에서 친구 관계로 넘어간다면 문제가 생길 수도 있습니다. 친구라고 여기기보다 마음속에 '부모에게 원했던 욕구'들을 채워줄 대상으로 보게 됩니다. 그 결과 지나치게 친구에게 집착하는 모습나보다 더 친한 친구를 질투하고을 보이고, 친구에게 함부로 하는친구들에게 주도권을 보이려 대장처럼 명령하는 등 모습을 보이게 됩니다. 이러한 모습들 속에서 왕따가 생겨나게 되겠지요.

친구 관계를 더 좋게 만들려면 공감능력이 있어야 합니다. 공감능력은 '내가 힘들 때, 나의 필요를 누군가 채울 때' 생깁니다. 이 공감능력이 있다는 건 아이가 점점 성장하고 있다는 증거입니다.

다른 사람을 돌보는 것이 배려의 기본입니다. 즉, 약간은 부모의 마음이 되는 것이지요. 다른 사람을 위해 내 것을 양보하고, 부족한 이를 위해 내가 가진 것을 나눠주는 것이 배려지요. 결국 배려는 남이 나를 돌보는 것이 아니라 내가 남을 돌볼 수 있는 마음입니다. 다시 말해 돌봐지는 자녀의 자리에서, 돌봐주는 부모의 자리로 갈 수 있는 것이 배려입니다. 어린아이에서 조금씩 어른이 되어야 하는 것이지요.

이러한 아이들의 과업은 의도적으로 만들어간다기보다 부모의 좋은 양육환경에서 자라면서 아이 자신도 모르는 사이에 이루어집니다. 즉, 아이가 자라는 과정에서 이러한 과업이 완성된다는 것이지요. 때문에 아이에게 과업을 성취하도록 의무처럼 강요할 수 없습니다. 다시 말해 배려는 가르치고 채근한다고 해서 되는 게 아닙니다.

비범한 부모의
대범함을 배우자

아이가 초등학생이 되었다면 부모도 그만큼 마음 크기가 커져야 합니다. 아이가 어릴 적에는 부모도 불안함이 크고 실수도 많았지만, 아이가 커갈수록 부모도 점점 대범해지고 아이에 대한 믿음도 생깁니다. 그리고 아이가 조금씩 독립의 기회를 가진다면 부모 역시 아이에게서 떨어져가는 준비를 해야 합니다.

만일 아이가 6학년이면 이제 많이 컸기 때문에 부모는 아이를 내 마음에서 점점 내어놔야 합니다. 쉽지 않습니다. 대부분의 엄마들이 아이가 커가는 건 분명히 느끼지만 왠지 내 손이 필요할 것 같아서 1학년이든 6학년이든 똑같이 개입합니다. 한편 아빠들은 이제 대화가 될 만큼 아이가 자랐다는 생각에 뒤늦게 개입하려 들지요. 아빠의 존재를 부각시키려고 말입니다. 하지만 타이밍을 제대로 못 맞추면 오히려 관계가 나빠집니다.

얼마만큼 자녀를 놓을 수 있나요? 아이가 홀로서기를 한다면 그걸 받아들일 준비가 되었나요? 사실 초등학생 때는 엄마들이 아이를 놓으려 하지 않습니다. 아니 포기하지를 않지요. 하지만 자녀를 놓는 작업은 사춘기 전부터 준비되어야만 합니다. 그렇지 않으면 사춘기의 바람이 회오리바람처럼 여겨질 것입니다.

아이를 내 손에서 놓는다는 것, 이것은 아이를 소유하지 않는 것입니다. 아이의 일거수일투족에 내 감정을 좌지우지 않거나, 아이의 성취를 내 성취로 여기지 않는 것이지요. 그렇게 하려면 아이 스스로 책임질 기회를 줘야 합니다. 해 보지 않으면 아이는 할 수 없습니다. 그냥 어른이 되면 책임감도 생기고 독립심도 생길 거라 기대합니까? 나이를 먹는다고 다 알게 되는 게 아닙니다. 뭔가의 채워짐이 없으면 나잇값을 못합니다.

왜 못 놓을까요? 놓으면 아이가 영영 떠날 것 같습니까? 부모의 마음에는 허전함과 소외감이 생길까 봐 두려운 감정이 있습니다. 이러한 감정은 왜 생기는 걸까요? 바로 내 존재의 이유가 아이이기 때문이고, 내 부모와의 불편한 감정이 남아 있기 때문입니다. 아이를 놓으면 내가 원하는 결과를 얻지 못할 것 같나요? 그렇게 느끼는 것은 바로 아이를 키워서 뭔가 인정받으려는 마음이 있다는 소리입니다.

아빠는 아이에게 징검다리가 되어준다

아이가 어릴 때는 주로 엄마가 양육을 도맡습니다. 매우 힘겹지만 엄마가 양육을 감당해 주면 큰 무리 없이 가족은 발달해 갑니다. 그러나 이러한 시기는 한정적입니다. 아이에게 사회성이 생기고 외부 세계를 접촉할 기회가 많아지면서 아버지의 역할이 중요해집니다. 그런데 이 시기 아버지는 직장에서 자기 위치를 공고히 하기 위해 바깥활동에 전념합니다. 인정받기 위해서 말입니다. 그러다 보니 두 가지를 동시에 할 수 없습니다. 남자의 특징상 자연인과 아버지의 역할을 같이 하기가 쉽지 않습니다. 아이들이 어릴 때 육아에 참여한 시간이 적으면 적을수록 아버지 노릇이 더 힘들어집니다. 이런 참여가 지속적으로 없으면 사실 아버지의 자리도 별로 없고, 힘도 없습니다. 조금씩 저축하듯이 육아를 도왔다면 지금은 쉽겠지요. 만약 그렇게 하지 못했다면? 우선 '우리 아이가 행복하길 바라는지, 아이의 친구 관계가 좋길 바라는지, 자신감이 생기길 바라는지'에 대한 질문을 자신에게 던지고, 힘들지만 이제부터라도 함께 양육하려 노력해야 할 것입니다.

아이가 사회적인 상황에 나가는 시점부터 아버지의 역할이 좀 더 전면에 나옵니다. 특히 아들을 둔 집이라면 말입니다. 많은 아이들이 아빠와의 관계를 원합니다. 아빠와 놀고 싶고, 함께 시간을 보내고 싶어 합니다. 사실 아이가 저학년 때까지(어떤 아이는 포기 못하고 고학년 때까지) 이런 욕구를 표현합니다. 이럴 때는 없는 시간이라도 쪼개서 같이 보낼 필요가 있습니다. 재미있고 즐거운 시간을 함께 보내는 아버지의 모습으로 말입니다. 이때 엄한 모습으로 다가가면 평생 관계는 실패합니다.** 아버지는 '엄해야 한다'고 말하는 많은 아빠들이 실은 아이들과 함께하는 데 서툰 사람들입니다. 아이의 행동에 지혜롭게 대응하기 어려워서 '엄한' 모습을 보이는 것입니다. '아버지와 하고 싶은 놀이를 하며, 자신의 의사를 아빠가 잘 들어준다면' 아이의 사회성은 좋아집니다. 자연스럽게 사회적 질서를 배우고, 사회적 상황도 잘 이해합니다.

승진이는 엄마만 아는 아이입니다. 어릴 때는 아빠를 곁에도 오지 못하게 했습니다. 승진이가 지나치게 엄마만 찾아서 엄마는 한편으로 부담스럽고 불편했습니다. 약간이라도 아이를 떨어뜨려 놓거나 아빠와 붙여놓으려 하면 더 심해졌습니다. 아빠의 구애 행동은 승진이에게 엄마와의 사이를 방해하는 행동으로 보였지요. 그뿐 아니라 친구랑도 엄마와 같이 있어야만 놀아서 엄마는 24시간 쉴 틈이 없었습니다.

너무 심하여 상담소를 찾아갔습니다. 상담 결과, 힘들더라도 승진이가 엄마 곁에 편안하게 있게 두라는 이야기를 들었습니다. 일부러 엄마가 승진이를 더 찾는 시늉도 했습니다. 먼저 안아주고 웃어주다 보니 어느 순간 승진이는 아빠를 찾기 시작했습니다. 아빠와의 관계를 개선하려는 노력을 하지 않았는데 말입니다. 그 순간 엄마는 편해졌지요. 아빠는 승진이의 행동에 감격했습니다. 이제는 아빠를 졸졸 따라 다닙니다. 혼자서 친구들과도 잘 놀기 시작했습니다.

보통 엄마와 떨어지려 하지 않는 아이는 친구 관계도 제대로 되지 않습니다. 상식적으로 보면 엄마에게서 떼어내어 아빠와 친해지게끔 노력해야 할 것 같죠? 하지만 승진이가 엄마에게 붙어 있는 것은 '불완전 애착' 즉, 아직 애착과 신뢰가 충분하지 않다는 걸 의미합니다. 애착이 잘 이뤄지도록 노력하면 승진이의 외부를 향한 경계심도 느슨해집니다. 자연스럽게 아빠와의 관계도 편안해지고, 친구 관계가 좋아지는 것입니다.

아이에게 아빠는 외부, 즉 바깥세상으로 갈 수 있는 징검다리입니다. 징검다리아빠를 어떻게 여기느냐에 따라 성장이 더딜 수 있습니다엄마에게 붙어 있지요. 징검다리아빠가 싫다고 준비 없이 외부로 가면 물에 빠지기적절하지 못한 행동 십상입니다.

| 물에 빠지는 행동들 |

흐르는 물을 건너가려면 징검다리가 필요합니다. 건너가는 사람아이이 징검다리의 든든함을 믿는다면 건너갈 때 콧노래를 부르면서 즐겁게 지날 수 있습니다. 그렇지 않으면 조마조마한 마음으로 건너가다 미끄러지거나 물에 빠지기도 합니다.

간혹 아이와 엄마의 밀착이 아빠와의 관계를 방해할 때가 있습니다. 그렇게 되면 아이는 엄마의 시선으로 아빠를 이해합니다. 엄마가 아빠의 징검다리 역할을 막을 때도 있지요. 남자에 대한 경계 혹은 부정적인 생각이 아이에게 영향을 미칠 수 있습니다.

엄마의 존재가 아주 강해서 아버지의 존재를 누를 경우, 남자아이는 주눅이 들거나 아니면 허풍스러운 사람이 될 수도 있습니다. 자신은 나약한 아버지처럼 되지 않기 위해 '강한 이미지'를 의도적으로 만들기 때문입니다. 이것은 어른이 되어 세상을 어떤 존재로 살아갈지에 중요한 영향을 줍니다. 성 정체감을 만들 때 아버지를 역할 모델로 받아들이지 못한 많은 남성들은 대부분 사회성의 부족을 보입니다.

또한 아버지가 너무 강하고 무섭기만 해서 아들과 친밀감이 없다면 이 아들은 사회적인 상황에서 강한 존재를 만나면 무조건 주눅이 들거나 반대로 지나치게 반항적인 태도를 보일지 모릅니다. 게다가 남자와의 관계는 힘들고, 대체로 여자들과의 관계에서 안정감을 찾는 경향이 생깁니다.

여자아이의 경우, 엄마와 친밀하지 못하다면 아버지를 두고 엄마와 경쟁을 벌이고, 관심을 얻는 데 몰두할 가능성이 생깁니다. 관심 받는 데 에너지를 쓰다 보면 감정 기복이 심해지고 애정관계에만 몰두하게 되지요. 여성을 '관심을 받는 존재'로만 인식하게 된다는 것이지요.

또 엄마와는 사이가 좋은데 아버지와는 관계가 나쁘다면, 여자아이의 남성에 대한 이미지가 왜곡될 수 있습니다. 더불어 살아가는 대상이 아니라, 남성은 여성을 압제하는 자로 보고 대립각을 세우지요. 그래서 유순하고 내 마음대로 되는 남성 하고만 좋은 관계를 맺게 됩니다.

결국 여자아이든 남자아이든 부모와 좋은 관계를 맺어야만 이성을 보는 시각이 왜곡되지 않습니다. 여성을 통제의 대상으로 보거나, 남성을 경쟁의 대상으로 여기는 왜곡된 시각은 관계 맺기를 힘들게 만듭니다.

부부 대화의 끈을
놓지 말자

　　　　이 시기에 많은 부부들이 부부 관계는 거의 없으며 부모로만 있습니다. 오로지 가정의 목표, 부모의 존재 의미가 아이를 잘 키우는 데 있다고 여기기 때문입니다. 아이 공부나 친구관계 등에 대한 이야기를 주로 나눕니다. 어떤 부모는 이런 대화조차 잘 통하지 않는다고 합니다. 배우자가 이런 이야기를 나눌 시간이나 관심이 없어 속상해합니다.

　어느 시기든지 부모의 자리가 있으면, 부부의 자리도 있어야 합니다. 그러나 실제로는 부모만 있고 부부 자리는 없는 경우가 많습니다. 이 무렵이면 많은 부인들이 남편에 대한 기대를 접습니다. 무덤덤해지지요. 남편보다는 동네 아줌마들과 수다 떠는 것이 더 편안합니다. 심지어 저녁 때 여자들끼리 모여 술자리도 갖습니다. 남편들은 이해하기 힘든 일입니다. '어떻게 여자가 저녁 때 자기 모임 때문에 집을 나가?'라면서 말이지요. 이런 일로 이혼까지 가는 부부도 종종 봅니다. 남편들은 항상 부인이 집안을 지키고 가족을 위해 헌신하길 기대합니다. 그러기에는 부부 사이가 너무 무덤덤해져 버렸습니다. 부인이 남편보다 자신의 힘든 것을 알아주는 사람들과 더 친밀해졌습니다. 심지어 '남편이 필요 없다'는 사람도 있습니다. 이러한 모든 것은 부모의 역할에만 치중한 결과입니다. 이러한 상황들을 막으려면 부부의 대화 끈을 놓지 말아야 합니다.

반대로 어떤 부부는 부모보다 부부의 역할에 치중합니다. 그런데 이 경우는 두 사람 모두 그러기보다 한쪽 배우자가 유난히 부부를 챙기는 일이 많습니다. 부부의 일상에 아이가 방해되지 않기를 바라고 곁에 오면 밀어내기도 합니다. 부모 노릇에 책임감을 느끼는 배우자는 이것을 꺼림칙해 할 것입니다. 그러면서 아이를 챙기는 일도, 부부 관계에도 어중간하게 하고 말지요. 이렇게 아이를 밀어내면 아이는 그 부모를 적으로 볼 수 있습니다. 부부 관계는 좋아야 하지만 아이들이 자신을 방해물로 느낀다면 좋은 부부 관계는 아이에게 부정적인 영향을 줄지도 모릅니다.

중요한 것은 부모 역할과 부부 역할 사이에서 지나치게 한쪽으로 쏠리지 말아야 한다는 겁니다. 그렇게 되면 가족의 힘을 키우지 못하고, 흔들리게 됩니다.

| 부부의 시간은 필수! |

아이의 유치원 때까지는 부모의 역할 비중이 큰 편입니다. 손도 많이 가고, 시간도 많이 들지요. 그렇다고 부부의 역할이 전혀 없는 것은 아닙니다. 서로 위로하고 무엇이 힘든지 알아주는 노력이 필요하지요. 아이들이 학교를 가면서 시간적 여유도 생깁니다. 이 시기에는 부모의 역할이 줄어드는 만큼 부부의 역할에 신경 쓸 것을 조언 드립니다.

아이들의 학년이 올라가면서 우리 집은 여유가 생겼습니다. 우리 부부만의 시간이 생기기 시작했지요. 그래서 대화할 시간도 늘었답니다. 둘이서 산책도 하고, 아이들에 대한 이야기뿐 아니라 둘만의 관심거리도 많이 이야기합니다. 아이들도 독립심이 커지는 것 같고, 우리 부부 역시 아이에게 조금씩 벗어나는 것 같아서 서로 감사합니다.

이렇게 부모 역할에서 부부 역할로 비중이 늘어나는 집이 있는 반면 아이가 커가면서 오히려 부모 역할이 커지는 집도 있습니다. 이것은 내 꿈을 실현해 줄 사람으로 아이를 보고, 내가 아이를 위해 얼마나 노력하는지를 알아주길 원하는 마음 때문입니다.

그러면 부부의 역할을 어떤 식으로 신경 써야 할까요? 먼저 소통하기 위한 시간을 만들어야 합니다. 자녀에게만이 아니라 서로에게 말입니다. 서로 공유할 화제를 찾고, 시간을 같이 보내도록 신경 씁니다. 그렇지만 아이에게 부모가 필요한 시간마저 제쳐둬서는 안 됩니다. 그래서 부부와 부모의 균형을 잡기가 무척이나 어렵습니다. 쉽게 가는 방법은 아이들이 부모와 함께하지 않으려 할 때 부부 시간을 갖는 것입니다. 시간 내기가 쉽지 않다면, 서로 편지라도 주고받아야 할 것입니다.

이것이 되려면 우선 아버지가 집안일을 조금씩 더 도와줘야 될 것입니다. 엄밀히 말하자면 아버지의 역할보다는 남편의 역할이 필요합니다. 힘든 부인을 도와주는 의미에서 말입니다. 남편도 바깥 활동에서 힘들다구요? 물론 그렇긴 합니다. 그러나 부인 역시 집에서 끝없이 일을 해왔습니다. 이제 그것에 대해 감사하고 도우려는 자세가 필요합니다. 분명히 말씀드리지만, 부부는 누군 주고 누군 받는 것이 정해진 관계가 아닙니다. 주고받고가 되어야 합니다. 이 아버지의 역할이 자녀에게도 긍정적인 영향을 미치려면 다음 일을 해야 합니다.

아이와 좋은 관계 맺기

아이들이 무엇을 원하는지를 파악해 그 활동을 함께 해 보세요. 고리타분하게 '인생의 오묘한 지식?'을 가르치려 드는 것은 금물입니다. 같이 많이 놀아주십시오.

집안에서 '함께 하는 사람'으로 행동하기

아이가 아버지를 닮고 싶을 때는 '내가 좋아하는 사람'이어야 하고, 우리 집에서도 좋은 사람이어야 합니다. 우리 집에서 아무것도 하지 않고, 대접받으려는 모습을 보이는 건 아이 눈에 결코 좋게 비춰지지 않습니다. 사소한 집안일설거지, 요리, 재활용 쓰레기 처리, 청소 등을 직접 해 보십시오. 이것은 생각보다 중요합니다. 요즘도 엄마들이 바깥일과 집안일을 병행하는 경우가 많습니다. 그렇게 되면 남자아이는 힘없는 아빠를 무시하게 되고, 여자아이는 힘없는 아빠를 의지하지 않습니다.

부부 역할의 균형 찾기

 부부 관계가 아이들의 관계에도 영향을 줍니다. 아이들에게 어떤 모습을 보이는지도 중요합니다. 우선 부부가 서로의 관계를 점검해 보십시오. 집에서 누가 더 파워가 있는지요. 이것은 단순한 의사 결정이 아니라 합리적인 행동을 누가 많이 하느냐에 따른 것입니다. 부부가 얼마나 서로 존중하고 있습니까? 서로 의사들을 어떻게 교환하고 마무리를 하나요? 여기에 따라 아이들의 성정체감에 긍정적인 영향을 줄 수 있습니다.

 부부 간 존중 방법은 자녀 존중과도 같습니다. 서로의 말에 핀잔이나 잔소리를 하지 않고, 귀 기울여주는 것이지요. 어떤 의미에서 서로 돌보는 것이라고 할 수 있습니다. 우리의 내면에는 해결되지 못한 돌봄 욕구들이 있거든요. 그렇지만 이것에만 국한되어서는 안 됩니다. 서로 돌봐주는 것과 동시에 지나치게 상대편을 옭아매려는 태도를 버려야 합니다. '나만 바라보기'를 원하는 태도는 상대방을 지치게 만듭니다. 먼저 줘 보십시오. 그러면서 서로 독립적인 영역을 허용해야 합니다.

부부와 형제 사이의 적정선은 어디까지일까?

　　　　　형제들이 각자의 가정을 꾸려 원만한 모습으로 살아가면 더 없이 좋은 관계가 될 것입니다. 그런데 간혹 형제 간에 형편이 좋거나 나쁘고, 문제가 있고 없고가 다를 수 있습니다. 형편(경제적이든, 가정 문제든)이 좋지 않은 형제가 있을 경우 어느 한 형제가 '책임지려는 태도'를 보입니다. 노부모의 입장에서는 더 없이 반갑습니다. 부모의 역할을 대신해 주니까요. 그런데 이러한 모습들이 지나칠 때는 부모 역할을 해 주는 형제가 부부 갈등을 겪을 수 있습니다. 반면 책임져 주는 형제가 있다는 것만으로 당사자는 '의존적인 태도'를 보이기도 합니다. 이러한 모습들은 사실 어릴 때 자라면서 형제 관계에서 느낀 감정과 관련이 있습니다.

　어릴 적 관심을 덜 받은 형제가 더 받은 형제에게 받은 만큼 베풀라고 요구하게 됩니다. 그러면서 형편이 좋은 형제에게 부모에게 기대듯이기댑니다. 요구를 받는 형제 입장에서는 얼마나 부담스럽겠습니까. 부담만이 아니라 그로 인해 부부 간의 다툼도 심해집니다. 조금 냉정해질 필요가 있습니다. 어른이 된 형제를 책임지는 태도는 서로 좋지 않습니다. 누군가에게 의존하면 '홀로 서기'를 하지 않고, 너무 당연하게 받으려 하게 됩니다.

○○씨는 열심히 일해서 돈을 벌었습니다. 그런데 동생의 형편이 어렵다고 해서 몇 번 도와줬습니다. 그런데 '그 돈을 아껴 쓰거나 어려움을 헤쳐 나가기는커녕 자신이 준 돈으로 풍족하게 살고 아이 학원도 보내는 모습'을 보면서 화가 치밀었답니다. 이 일로 부부 간에도 계속 싸움이 일어났습니다. '왜 무턱대고 도와주려 하냐'는 배우자와, '형제를 나 몰라라 하는 냉혈한이 되라는 거냐'고 대립하다가 부부 관계가 깨졌습니다.

형제 관계에서는 '책임을 져 주는 것이 아니라, 우리 형편에 따라 도와주는 것'이 건강한 관계입니다. 먼저 부부 사이도 대화로 풀어 보십시오. 배우자가 반대를 하는데 무조건 밀어붙이지 마십시오. 반대할 때는 멈추는 것도 필요합니다. 그래야 가정이 제대로 설 수 있습니다.

| 유산이 뭐길래? |

이 시기에는 조부모의 유산 분배에 대한 말들이 오고갑니다. 유산에 대한 말이 나오기 시작하면서 형제끼리 싸움이 시작됩니다. 싸우지 않고 잘 분배한다면, 부모가 잘 키운 거겠죠. '성숙되고 독립된 가족'인 셈입니다. 그런데 많은 사람들이 그렇지 않습니다. 왜 유산에 집착하게 될까요?

유산은 단순히 돈이나 재산을 의미하지 않습니다. 부모가 누구에게 유산을 더 주느냐가 부모가 '누구를 더 인정하느냐'의 표시이기 때문입니다. 어떤 부모는 '유산을 물려줄 자식'과 '자신을 돌봐줄 자식'을 다르게 생각합니다. 이러한 태도는 자식을 감정적으로 자극합니다. 자녀가 이런 대우를 받으면 마음속에 평생 '부모에 대한 원망과 분노'가 남습니다. 이것을 자기 가족에게도 표출합니다. 그 감정을 그냥 참지 말고, '부모에게 자신의 억울함이나 속상함을 표현하십시오.' 받아들여지든 아니든 간에 말입니다. 어쩌면 부모는 '자식의 속마음을 전혀 들어본 적이 없었던 건지도 모릅니다.' 정말 유산을 받아야 할 것 같으면 요구하십시오. 그런 요구에도 전혀 반응이 없다면 '내가 이런 부모에게서 자랐구나, 정말 어릴 적부터 얼마나 힘들었을까? 그래서 지금 유산에 대해 민감하게 반응하고 있구나'라면서 마음 정리를 하십시오. 물론 시간이 걸리며, 속상함도 오래 갈 것입니다. 이럴 때 배우자가 덩달아 속상해하지 말고 당사자 집의 문제라고 선을 그으며, 위로하고 다독여 주십시오. 가족이 뭉치는 것이 더 중요합니다. 이 일 때문에 우리 가족이 우울해지면 안 되니까요.

PART 06

사춘기와 중년 위기에 대처하는 조금 특별한 자세

가족力이 높고 비범한 집은 사춘기도 다르게 지나간다

사춘기가
무슨 질병인가?

드디어 무시무시한 사춘기가 시작되었습니다. 상담소를 찾아오는 부모 중에 자녀 문제가 심각하지 않아도 상담을 원하는 부모들이 있습니다. 이유는 간단합니다. 사춘기를 잘 보내기 위해서지요. 다들 아이가 사춘기이면 생각지도 못한 문제 행동과 사건을 일으킨다고 여깁니다. 사춘기가 무슨 심각한 질병인 양 무서워합니다. 매체에 오르내리는 충격적인 사건에도 사춘기 아이들의 문제행동들이 부각되어서 나타나지요.

하지만 두 돌 전후부터 시작된 고집을 꾸준히 받아준 가족들은 사춘기를 크게 무서워하지 않습니다. 아이 역시 '질풍노도와 같은 반응'을 보이지 않구요. 이 이전부터 계속 욕구를 보였고 부모가 수용해 주었기 때문에 폭발할 이유가 없거든요. 가족 힘이 견고한 집이라 할 수 있지요. 그렇다고 해서 아이가 얌전한 모습만 보이는 것은 아닙니다. 내외적으로 어떤 스트레스가 찾아올까요?

아이의 신체적 변화(호르몬의 변화)
2차 성징이 시작되면서 아이가 성인으로 발돋움하는 단계입니다. 신체 변화로 인해 목욕탕도 가지 않으려 하거나 가족과 따로 놀려는 태도를 보입니다.

아이의 반항적인 태도
가장 큰 요인이겠지요. 부모나 권위, 규칙에 대한 반항적인 태도는 아이 자신에게 존재감을 느끼게 합니다. 부모는 당혹감을 감추기 힘들지요. 하지 말라는 것을 절대 수긍하지 않으니까요.

외모에 관심 보이기
어른스러운 행동은 하지 않으면서 어른을 흉내내는 행동이 많아집니다. 옷, 신발 등도 유행만 찾고, 외모에 신경 쓰며 '진중함이 없어 보이고 겉모습에만 열광하는 듯한' 느낌을 받지요.

오춘기? 부모, 부부의 내적 갈등
아이뿐 아니라 부모 역시 여태 살아왔던 방식을 후회하거나 삶의 여정을 돌아보면서 우울감을 느끼기도 합니다. 때론 자아를 찾기 위해 부모가 외도라는 반란을 일으키기도 합니다. 부부 사이에 권태기 이상의 무덤덤, 냉랭함이 있을 수 있어서 다른 곳에서 활력을 찾으려는 엉뚱한 시도를 한다는 것이지요.

부모의 건강

일에 휩싸여서 자기 건강을 챙기지 못하다 보니 이즈음 건강에 적신호가 올 수 있습니다. 이것은 가족에게 태풍을 몰고 오는 요인입니다.

자녀의 친구 관계

학교에서 자녀가 왕따를 당하는 경우, 아이가 학교를 거부하고 불안해하면서 일상생활이 힘들어집니다.

직장 내 구조조정 혹은 승진에 대한 부담감

부모 역시 직장에서 구조조정이나 승진에 대한 압박감이 밀려옵니다. 그러다 보면 속상한 마음을 술로 달래거나 아니면 살아남기 위해 직장일에 지나치게 몰두해 가족을 등한시하게 됩니다.

과도한 사교육비 지출로 인한 경제적 부담

이것은 가정 내부 요인이 아닌 외부 요인인 듯합니다. 많은 사람들이 '본인의 의사와 상관없이' 사회가 요구해서 사교육을 시키기 때문입니다. 그 결과 지출이 엄청 늘어납니다. 그에 비해 월급은 늘지 않고 오히려 명퇴 같은 경제적 위협들이 있습니다.

가족에게 칼바람이 부는 시기라 그동안 여기에 대비하고자 어떻게 살아왔는지가 가장 잘 드러나는 시기입니다.

부부 동반 모임

자녀들이 성장하면서 부부 동반 모임을 시작합니다. 스포츠 동호회 같은 모임을 하면서 다른 부부 관계를 엿볼 기회가 생깁니다. 문제는 이런 모임 때문에 부부 싸움이 는다는 것입니다. 부인은 남편의 집에서와는 영 딴판인 모습을 보고 황당해합니다. 집에서는 상전인 사람이 다른 사람들 보는 데서 부인과 아이를 챙겨주거나, 심지어는 자기 식구들은 챙기지 않고 다른 집 식구들은 챙기는 모습을 보여 분노합니다. 반대로 집에서 다정한 남편이 바깥에서는 부인에게 심드렁한 모습을 보여 마음 상하기도 합니다. 한편 남편들은 다른 집 부인들이 저렇게 애교도 많고 공손한데 우리 집 부인은 투박하고 남편 망신이나 준다면서 기분 나빠합니다.

때론 아이들의 성적 같은 자랑거리를 들으면 괜스레 속이 상합니다. 이런 상황이 생기면 집에 오면서 부부싸움을 하거나 아이를 야단치는 일이 자꾸 생깁니다. 이러면서도 모임에는 계속 나가려 하니 그 태도를 참 이해할 수 없습니다. 자신이 빠져 버리면 나 없는 상황에서 다들 재미있게 지내는 게 속상하거나, 어딘가에 소속되고 싶은 마음 때문일 것입니다.

이 시기는 가족의 성장 흐름자녀, 부모의 인생, 부부의 인생에서 중간 지점이기도 합니다. 어떻게 하면 내외풍에 휩쓸리지 않고 지낼 수 있을까요?

우리 가족
중간점검의 기회

결혼으로 가족이 탄생하고 자녀가 생기면서 여러 단계를 거칩니다. 가족의 기능이 제대로 되었는지를 중간 점검하는 시점이 바로 사춘기입니다. 가족들이 이전 시기를 어떻게 보냈느냐에 따라 사춘기 자녀를 둔 가족이 괴로울지 덜 괴로울지가 결정됩니다.

장면 1)

- 등교하려는 아이를 보니 치마가 너무 짧네요. 치마의 허리 부분을 몇 번 접어 입었길래 내리라고 했더니 아이가 짜증을 부리면서 갑니다.
- 핸드폰에 빠진 아이에게 '너 숙제 없니'라고 했다가 '하면 되잖아요'라는 퉁명스런 말만 듣습니다.

- 아이가 집에 오더니 선생님 이름을 함부로 부르며 험담을 하길래 야단쳤어요. 그랬더니 '이상한 선생은 이렇게 해도 된다'고 합니다. 이에 아이에게 일장 연설을 했더니 '듣는 둥 마는 둥' 이제 그만하라는 손짓만 보냅니다.
- 제 할 일을 하지 않고 놀아서 훈계했더니 '내가 알아서 하려는데 꼭 그럴 때 잔소리한다'면서 문을 닫아 버립니다.

엄마는 아이의 이런 반응을 이렇게 생각합니다. 아, 이것이 사춘기구나. 드디어 우리 아이가 자기 나름대로 인생을 정립하려고 노력하는구나. 이제 이것을 보고 즐기면 되겠구나. 뭐라고 하면 튕겨내니 그냥 지켜만 봐야겠다. 자, 다음 집을 한번 볼까요?

장면2)
- 아파트 뒤편 구석에서 아이가 담배를 피우다 어른들에게 몇 번 들켰습니다. 학교 화장실에서도 들켰지요.
- 선생님이 아이의 수업 태도를 나무라자 갑자기 아이가 선생님께 덤벼듭니다. 왜 우리 보고 이래라저래라 하냐면서 불평합니다. 선생님이 무슨 실수를 할까 기대하며 놀립니다.
- 약한 친구들을 괴롭히고 돈도 뺏는다고 합니다.

이 집의 경우 아이 문제로 학교에서 전화가 왔습니다. 엄마는 충격에 빠졌지요. '우리 아이가 선생님을 힘들게 하다니. 아니야, 선생님이 뭔가 잘못했을 거야.' 엄마는 선생님을 만나서 '뭔가 이유가 있었을 것이다. 우리 애는 그럴 아이가 아니다'라고 변명했습니다. 엄마는 집에 돌아와 너무 창피하고 화가 나서 아이를 다그치고 몇 대 때렸습니다. 그냥 속이 상해서요.

장면 1)은 사춘기를 즐기는 가족입니다. 사춘기 이전부터 아이에게 주도성과 자율성을 심어주려 노력했기 때문에 집에서 반발하는 정도지요. 아이의 이런 모습을 그냥 인정해 주는 집입니다.

장면 2)의 아이는 다른 사람에게 피해를 주고 함부로 대합니다. 이것은 어린 시절부터 불만이 있었다는 증거입니다. 부모 역시 아이의 문제를 그대로 인정하기보다 자신을 창피하게 만든 아이를 함부로 대하지요. 이 집은 사춘기를 맞이할 준비가 하나도 되지 않았습니다.

부모들은 아이의 사춘기를 두려워하고 아이들은 사춘기를 대놓고 즐깁니다. 부모들은 이제 자신의 권위가 추락할까 봐 걱정하고, 아이들은 학교에서 배운 사춘기의 특징대로 '짜증내고 반발'하면서 스스로 '사춘기'라서 그렇다고 항변합니다. 자, 사춘기인 큰아이가 동생을 괴롭히고 무시합니다. 부모가 동생에게 위로한답시고 '사춘기라서 저런다'고 말하면 동생들은 이렇게 생각할 것입니다. '내가 사춘기만 돼 봐라. 형을 실컷 두들겨 패 줄 거다.'

사춘기가 벼슬이 되었습니다. 이 발달 단계를 즐기는 게 긍정적이긴 한데 자신의 행동을 지나치게 합리화하면서 '남 탓'으로 돌리는 행동으로 굳어질까 봐 걱정도 됩니다. 사춘기가 왜 중간 점검의 단계일까요? 그동안 어떻게 해왔는지 그 열매들을 보여주기 때문입니다. 아이가 충분한 관심, 돌봄, 이해를 받고 자랐는지, 엄마가 아이의 주도성을 인정하고 받아주었는지에 따라 사춘기 행동을 가늠해 볼 수 있습니다. 아무리 말을 잘 들었던 아이더라도 사춘기가 되면 어떤 형태로든 '간섭 받지 않으려는' 태도를 보입니다. 소위 조용히 지나갈 것 같은 아이도 뒤집는다는 말입니다. 아니 뒤집어줘야 발달이 제대로 굴러갈 수 있습니다.

- 중학교 1학년 남자아이가 상담소를 찾았습니다. 엄마는 아이의 갑작스러운 변화를 사춘기로 이해하려 해도 견딜 수가 없다고 합니다. 말도 잘 듣고 학원도 열심히 다녔던 아이가 갑자기 학원도 자주 빼먹고 '왜 내가 시키는 대로 해야 하냐'며 반항하질 않나, 머리 모양이며 옷 등 멋 부리기가 상식을 초월한다고 합니다. 아무리 사춘기라 해도 어떻게 갑자기 그럴까요?
- 한 여자아이는 중학교까지도 별 문제 없이 잘 다녔습니다. 친구 관계도 좋고, 공부도 잘했는데 고등학생이 되면서 달라졌습니다. 갑자기 질이 안 좋은 친구들을 사귀면서 가출까지 하고 문제아로 변해 버렸습니다.

위의 두 사례는 그냥 사춘기라고 넘기기에는 걱정스러운 행동들이어서 상담소를 찾은 경우입니다. 이 아이들이 단순히 사춘기라서 이렇게 되었을까요? 그렇지 않습니다. 남자아이의 경우 엄마가 열심히 아이를 키우려고 했습니다. 아이의 스케줄도 짜고, 좋은 학원을 찾아 보냈습니다. 물론 아이의 의사와 상관없이 강제적으로요. 엄마의 의사대로 아이를 대한 결과 사춘기 때 '내 욕구 - 내 마음대로, 내 생각대로'를 찾기 위해 이러한 행동을 한 것입니다. 결국 부모의 통제를 벗어나는 방편으로 택한 행동인 거지요.

여자아이는 아빠가 무척 엄하고 집안이 조용하고 냉정한 편이었습니다. 아이는 사랑받고 싶은 욕구가 많았고 중학교 때까지는 그럭저럭 친구 관계에서 이것을 채웠습니다. 하지만 언제나 아이들은 '내가 원하는 만큼' 절친이 되어주지 않았습니다. 마치 엄마처럼 자신을 이해해 주길 바랐지만 친구는 친구일 뿐이었습니다. 그런데 고등학교에 들어가 사귄 이 친구들은 무척이나 잘 챙겨주고 고민들도 잘 들어줘서 '아이가 보기에는 좋은 친구'였습니다. 그러다 보니 이 친구들을 더 만나고 싶고 집은 더 싫어져 가출까지 간 거지요.

사춘기 때 행동들은 과거에 결핍된 것을 채우기 위한 행동인 셈입니다. 과거에 많이 눌려 있었던 아이라면 그 반발은 더 심할 것입니다.

사춘기를 제대로 알면
무섭지 않다

　　　　가장 큰 특징은 호르몬의 변화와 뇌의 발달입니다. 전두엽이 폭발적으로 발달합니다. 전두엽은 논리와 이성적 판단을 관장하는 부분이라 아이는 이성적이고 논리적인 사고를 전폭적으로 하기 시작하지요. 하지만 이 이성적이고 논리적인 사고를 어디에 쓰느냐를 더 알아야 합니다. 아직은 불안정한 상태여서 자신의 내면보다는 외부에 적용합니다. 여태 옳다고 배워왔고 아무 생각 없이 순응한 규칙과 사회 질서에 대해 반대적 사고를 한다는 것입니다. 그래서 다른 사람, 특히 권위적인 사람의 빈틈이나 잘잘못을 따집니다. 항상 '왜 꼭 그래야만 하나요?' 같은 태도를 취하는 것이지요. 하지만 이런 이성적인 판단에 비해 감성은 상당히 초보적입니다. 게다가 과거에 어떤 감정들이 차곡차곡 쌓였느냐에 따라 이성적인 판단조차 왜곡될 수 있습니다. 난 이해 받아야 하고, 그럴만한 이유가 있다고 여기는 것이지요. 즉, 논리는 남에게 쓰고, 이해나 수용은 자신에게만 씁니다.

예컨대 학교 선생님이 자신에게 부당?하게 야단친 것은 크게 받아들이고, 야단맞기 전 '자신이 어떤 행동을 했는지'는 모른다는 것입니다. 그래서 잘잘못을 따지게 되었을 때, 말이 통하지 않는다는 생각이 듭니다.

아이들의 공통 특징은 권위와 사회적 규칙에 그대로 순응하는 법이 없다는 것입니다. 물론 아이마다 다르겠지만 누군가가 자신에게 지시한다는 느낌이 들면 어떤 식으로든 기분 나빠합니다. 이때 감정의 뇌는 '나를 어떻게 대하는가?'의 자극들로 모든 것을 해석합니다. 아이가 지나치게 통제와 억압 속에 자랐다면 지시나 통제형 언어에 감정이 욱해질 겁니다. 하라는 것은 안 하고 싶고, 하지 말라는 것은 더 하고 싶어집니다. 만약 집에 아주 무서운 엄마 아빠가 있다면 덜 무서운 학교 선생님이나 친구들에게 이러한 감정들을 드러낼 것입니다.

아이들은 호르몬의 변화와 더불어 신체적으로 어른이 되어갑니다. 문제는 신체 변화만큼 감정과 정서가 따라주질 않는다는 것이지요. 그 결과 성적인 고민도 늘게 됩니다. 성의 발달적 문제도 있겠지만, 더 중요한 것은 성을 담는 그릇(여태 쌓아온 욕구의 그릇)의 문제일 수 있다는 겁니다. 인격을 존중 받으면서 자란 아이들은 다른 사람들을 존중의 대상으로 생각합니다. 하지만 억눌려 있고, 상처 받은 아이들은 사람을 정복의 대상이나 욕구 충족의 대상으로 봅니다. 더군다나 신체 발달도 통제 가능한 것이 아니므로 욕구에 따라 움직이는 겁니다. 단지 이것이 청소년의 문제는 아닐 것입니다. 어른 역시 이것이 해결되지 않으면 같은 문제에 봉착합니다.

성적인 접촉을 '애정 어린 관심, 사랑 받는 행동' 정도로 생각하는 청소년들도 있습니다. 사랑과 관심을 갈망하는 아이들이 책임지지 못하는 성적 접촉을 하게 된다는 것입니다. 물론 성교육도 필요합니다. 그러나 가정에서 아이의 욕구가 충족되지 않으면 성교육은 껍데기에 불과해 편법만 늘어날 수 있습니다.

| 필요할 때만 부모 노릇을 하려 한다면? |

사춘기 아이들에게 부모가 어설프게 다가갔다간 오히려 관계만 더 나빠질 가능성이 있습니다. 많은 아빠들이 아빠 노릇을 하겠다며 사춘기 아이에게 접근합니다. 그전에 관계가 좋았던 아이들도 아빠들을 귀찮아하는 마당에, 관계도 소원했던 아빠가 접근한다면 아이가 반항할 것입니다. 그나마 엄마들은 어린 시절부터 아이와 꾸준히 소통해 실수와 실패를 거듭하면서 어느 정도 방향을 알게 됩니다. 사춘기가 시작되면서부터는 아이와 싸우다가 어느 정도 '포기'를 합니다. 그런데 거꾸로 아빠는 아이에게 접근해 옵니다. 뒤늦게 목욕탕도 같이 가자고 하고 운동도 하자고 합니다. 어릴 때 아이들이나 엄마가 부탁하면 귀찮아했으면서 말이지요. 이 무슨 심리일까요? 이것은 많은 아빠들이 '돌보는' 노력은 제대로 못하고, 내가 하고 싶은 걸 하려는 '주도성'을 보이는 것입니다.

이 욕구의 연장선에서 아빠는 아이들이 자라자 '내 존재'를 알릴 필요성을 느낍니다. 조금 철이 든 아이들을 대해야 내 존재감도 크게 느껴지기 때문입니다. 그래서 아빠의 존재감을 위해⎯물론 아빠들은 아니라고 합니다. 자식이라 관심을 갖는 것이라 하지만 만약 그렇다면 어릴 때도 했었어야죠 아이에게 개입합니다.

무섭고 엄한 아빠라면 이때 아이는 아빠를 무시하는 마음을 갖습니다. '내가 힘이 생기면 복수하겠다'는 마음이 크거든요. 그러다 보니 아빠의 사소한 잔소리로도 큰 싸움으로 번지게 되는 겁니다.

앞서도 언급했지만 아이에게 관심이 없던 아빠들조차 사춘기 자식들을 자기 훈장이나 성취감의 대상으로 간주하려 듭니다. 친구 모임이나 직장에서 자식자랑을 하고 싶어 합니다. 만약 자랑거리가 없으면 '인생의 살맛이 안 난다'면서 아이에게 짜증을 부리고 부인을 구박합니다. 내내 관심 없다가 왜 갑자기 아이들의 성적이 아빠의 인생이 되어 버렸을까요? 여자들보다 남자들이 훨씬 수다를 잘 떤다는 것을 아시나요? 특히 자식 자랑은 더 길게 합니다. 이 마음이 과연 아빠의 마음일까요? 이것은 결국 다른 사람들에게 인정받고 싶은 욕구의 변질된 표현입니다.

사춘기 아이와
'영영' 멀어지고 싶다면 이렇게!

　사춘기는 '나를 어떻게 대접하느냐'에 달려 있습니다. 관계가 나빠지기 쉬운 부모는 아이가 자라고 있음을 전혀 인정하지 않는 부모입니다. 아이는 머리도, 생각도 커가고 있습니다. 그런데도 '네가 뭘 알아?'란 생각에 예전 방식으로 '아이의 생각과 상관없이' 끌고 가려는 부모는 수류탄의 안전핀을 뽑은 상태라고 보시면 됩니다.

　이런 태도들은 '아이의 의사, 감정'을 무시하는 겁니다. 아이의 표현을 읽지도 못하지요. 아이가 학업이 힘들다고 하면 '남들도 다 하고 있는데 나약한 소리나 한다'고 치부합니다. 특히 아이를 폭력으로 다스려왔다면 아이가 정말 시한폭탄일 수 있음을 생각해야 합니다.

　한편 아이에게 '나름 잘해주려' 하지만 사춘기를 잘 몰라서 어린애로 대해도 관계는 나빠지기 십상입니다. 사춘기 아이들은 자신이 원치 않을 때 친절하거나 챙겨줘도 무척 싫어합니다. 이것저것 알고 싶어 물어보거나 챙기는 것을 사춘기의 아이들은 '집착'이라고 표현합니다. 애가 아닙니다. 챙겨주는 것보다 자유를 원하고 간섭을 싫어하는 시기입니다.

이 시기의 아이들은 훈계를 싫어합니다. 그런데 많은 아빠들이 뒤늦게 훈계를 시작하지요. 아이가 나중에 커서 '내 아버지는 인생의 길잡이'라고 말해주길 기대하면서 말입니다. 하지만 명심하세요. 부모가 말이 많으면 관계가 깨집니다. 특히 사춘기 아이들은 더 심합니다. '어디 부모가 말하는데!'라는 식의 태도는 관계를 깨기 쉽다는 겁니다. 이런 부모를 유형별로 묶어 보겠습니다.

불안이 많은 사람

오늘 신문에 학교 폭력에 관한 기사가 났네요. 갑자기 우리 아이에게도 뭔가 일어날 것 같아 불안감이 엄습해옵니다. 친구 관계가 어떤지, 선생님은 내 아이를 어떻게 대하는지 궁금해서 견딜 수가 없습니다. 그래서 아이에게 이것저것 질문하고, 혹시 나쁜 일은 없었는지 체크합니다. 이런 체크에 아이가 기분 나빠하면, '쟤가 말 못할 무슨 일이 있구나'란 생각도 하지요. 다른 엄마들에게 전화해서 학교 분위기를 물어봅니다. 그러다 안 되면 학교를 찾아가지요.

혹 아이가 나에게 뭔가 털어놓지 않는 이유가 아이와 자신 사이에 문제가 생겨서인가 싶어 자책합니다. 아이가 나보다 친구와 가깝게 지내는 것도 서운합니다. 아이가 커가는 게 슬프기까지 합니다. 내 곁을 떠날 것 같아서 말입니다.

부모가 이러는 것은 자기 부모와 신뢰감이 잘 형성되지 못했기 때문입니다. 사춘기의 행동들을 아이가 내 울타리를 벗어나려고 하는 행동으로 받아들이지요. 때문에 아이의 말 한마디도 그냥 넘기지 못하고 속상해합니다. 이런 부모의 모습에 아이는 힘들어할 수 있습니다. 이 시기의 아이들은 자신에게 치대는 듯한 부모의 모습을 감당하지 못하거든요. 잘 생각해보십시오. 아이를 못 믿는 것이 아니라 나 자신을 못 믿는 것이고, 내 부모와의 관계가 돈독하지 못한 건 아니었나 하고 말입니다.

통제형
주변 부모들은 사춘기 아이를 대하기 힘들다고 하는데 나는 왜 그러나 싶습니다. 그냥 엄하게 다스리면 되지요. 자녀가 조금이라도 내 지시에 토를 달거나 입이 나오면 야단을 심하게 칩니다. 그러면 우리 아이는 착하게도 잘 따르지요. 무서워서 따르는 거여도 괜찮습니다. 아이는 부모 말을 들어야지요. 쯧쯧. 다 부모들이 약해서 그런 겁니다. 주변 부모들도 우리 집을 많이 부러워합니다.

부모가 통제 당하고 눌려 자랐다면 아이에게 주도권을 잡고 휘두르는 데 힘을 쏟습니다. 아이의 사춘기 행동은 '감히 나에게 도전하는' 못된 행동으로 보이기 때문에 좀 더 강한 힘으로 꺾으려 하지요. 아이는 꺾이기도 하지만, 극단적인 방향으로 튕겨 나갑니다. 그러다 보니 사사건건 통제하고 야단칩니다. 부모 말이 가장 잘 들어 먹히지 않는 시기인데도 말이지요. 이런 부모는 권위를 포기하지 못하고, 자녀는 부모를 계속 무시하게 됩니다. 서로 헐뜯고 상처만 받게 되지요.

이때부터 부모와의 심리적인 거리는 회복 불가능하여 어른이 되어서도 관계가 힘든 가족들을 많이 봅니다. 흔히들 무언無言가족이라고 하지요. 한 지붕 아래 살면서 남보다 더 아무 말도 하지 않고 사는 가족 말입니다. 이런 미래를 원하는 건 아니겠지요. 통제형의 부모는 '아이의 인격이나 의사 표현에 대한 존중이나 배려'를 전혀 하지 않는다는 걸 알아야 합니다. 아이가 내 말을 잘 듣는 것은 내 만족입니다. 이것은 아이를 키우는 부모의 마음이 아닙니다. 아이가 상처 받는 것을 생각해 보세요. 아이 마음이 어떻게 눌리는지를 고민해 보십시오.

착각형

주변 사람들이 날 친절하다고 합니다. 아이에게도 잘한다고 합니다. 저도 아이에게 필요한 것을 주려고 신경을 많이 쓰고, 우리 부부 역시 좋은 부모라고 생각합니다. 야단은 치지 않습니다. 내가 옳다고 여기는 것을 아이가 거부하면 기다립니다. 내 방식을 받아들일 때까지 말입니다. 그러면 아이는 내가 원하는 방식대로 따라옵니다. 가끔 아이들이 반항하면 '난 가슴이 너무 아파' 방에 들어가서 쉽니다. 조금 있으면 아이들은 내가 가슴

아파하는 것을 못 보고 효자 효녀답게 와서 사과합니다. 참 착한 아이들입니다.

스스로 자녀와의 관계가 좋다고 여기고 자녀를 통제하는 부모가 있습니다. 아이가 반항하는 행동을 보이면, 나약한 모습을 보입니다. 그렇지 않을 경우에는 '내가 원하는 자녀의 상'을 평소에 설득합니다. 이런 부모 대부분이 부부 관계가 썩 좋지 않고 자녀와의 관계로 치중된 사람들입니다. 부부 갈등으로 인한 서로의 빈자리를 자녀들로 채우는 것이지요. 이 관계아버지와 딸, 엄마와 아들가 아이 성장에 큰 지장을 줄 수 있습니다. 아이들은 자신과 가까운 부모를 연민하는 동시에 한쪽 부모에게 막연한 미움을 품게 됩니다. 때론 자녀가 부모를 대신해서 대리전을 합니다. 엄마와 아들 사이가 좋을 때는 엄마를 대신해서 아들이 아버지를 미워하기도 한다는 것입니다.

이런 상황에서 아이가 독립하려 하면 부모는 아이가 떨어져 나갈까 봐 두려워해서 몸이 아프다든지, 말하지 않는 식의 행동을 합니다. 아이로 하여금 독립하면 부모에게 죄를 짓는 것 같은 감정을 느끼게 합니다. 결국 아이는 독립을 포기합니다. 이 상황을 엄마가 강압적으로 통제하지 않았다는 이유로 아이를 생각한 것이라 여깁니다. '우리 아이는 사춘기 같은 것은 안 해'라고 말하면서 말이지요. 자신의 아이는 유달리 속이 깊고 부모를 생각한다고 착각합니다. 이런 착각형 부모는 자녀에게 보이지 않는 올가미를 매어 줍니다.

거울에 나 자신을 한번 비추어 볼까요? 이제 아이의 마음도 한번 비추어

봅시다. 왜 아이를 떠나보내지 못할까요? 아니, 왜 스스로 좋은 부모라고 생각할까요? 야단을 치지 않고 아이를 통제하는 것이 오히려 더 나쁠 수 있다는 생각을 못하기 때문입니다. 내가 원하는 대로 아이를 통제하는 것은 '스스로 부모의 존재감'을 부적절한 방식으로 느끼는 것입니다. 아이가 내 말을 잘 들어준다는 것, 제대로 통제된다는 것은 부모인 내가 잘하고 있다고 여기기에 좋은 환경이지요. 아이 입장에서는 가장 좋지 않은 환경입니다.

완벽형

우리 애가 학원에 간다고 했는데, 학원에선 안 왔다는 연락이 왔습니다. 분명 약속된 시간인데 왜 지키지 않고, 어디로 간 걸까요? 집에서 벼르고 있었는데, 아이가 아무렇지도 않게 들어왔습니다. 그냥 넘어가서는 안 되겠다 싶어 앉혀 놓고 왜 안 갔는지, 어딜 갔는지 등등을 따져 물었습니다. 그런데 우리 아이는 '그냥……'이라는 말만 합니다. 속이 터질 것 같아 이유를 대라고 했더니 겨우 '학원이 별로 도움이 안 되는 것 같아서……'라고 하네요. 이게 말이 되는 소리입니까? 가기 싫으면 미리 이야기했어야지요. 야단 치고 잔소리를 조금 했더니 주먹을 불끈 쥐고 '맨날 잔소리야!'라며 자기 방으로 문을 꽝 닫고 들어가 버리네요. 속이 터져 죽는 줄 알았습니다.

앞뒤가 다 맞아야만 만족하는 사람들이 있습니다. 이런 부모는 사춘기의 말도 되지 않는 행동을 절대로 이해할 수 없습니다. 학원을 가지 않은 것과 사춘기가 무슨 상관이 있냐고요? 사춘기 자녀들은 말은 바로 해도 행동은 전혀 합리적이지 않거든요. 나중에 대화하다 보면 아이는 '엄마 아빠에게 말해도 들어주지 않을 것 같아서 말하기 힘들다'라고 합니다. 들어줄 말을 아예 해 본 적도 없으면서 말이지요.

사춘기 아이들은 정말 앞뒤가 맞지 않는 경우가 많습니다. 예를 들면, '선생님이 학생들에게 말을 함부로 한다. 성의가 없다'면서 선생님을 비난하는 아이가 동생에게는 함부로 말하고 성의 없게 행동합니다. 이런 자녀를 부모가 어떻게 이해할 수 있을까요? 그래서 계속 아이에게 따지게 됩니다. 문제는 이런 합리적인 대화가 별로 효과가 없다는 것입니다. 아이는 자기주장만 하거든요. 듣지를 않습니다. 오히려 아이는 부모를 '날 이해하지 못하는 어른'으로 치부합니다.

사춘기에는 설렁설렁 넘어가듯이 아이를 키워야 합니다. 마음에 들지 않더라도 말입니다. 작전을 짜듯이 합리적인지를 따지는 것은 뒤로 미루세요.

긍정형

난 별명이 캔디입니다. 별로 부정적인 생각을 하지 않지요. 아이에게도 사소한 것까지 격려합니다. 우리가 보기에 아이가 '다른 사람들을 잘 웃기고, 노래를 잘해서 연예인이 될 수 있다'고 생각합니다. 그래서 한번 해보라고 권유했습니다. 그런데 우리 아이는 전혀 생각이 없다고 하네요. 아니 소질이 없다고 합니다. 그래서 '소질을 개발하면 된다. 누가 처음부터 잘하냐. 첫술에 배부른 것이 없다'라고 이야기를 하는데, 아이는 계속 거부합니다. 그래서 사소한 것이라도 계속 칭찬해 볼 생각입니다.

아마 이런 질문들을 할 것입니다. 아이에게 잔소리나 비난을 하는 부모가 나쁜 것은 압니다. 그런데 긍정적인 부모는 왜 문제가 될까요? 아니, 긍정적인 태도는 꼭 필요하지 않나요?

긍정적인 태도나 삶이 꼭 나쁜 것만은 아닙니다. 그렇다고 100% 좋은 것도 아닙니다. 상황에 잘 맞추지 못하면 역효과가 나기 때문입니다. 칭찬이나 지지는 상대방에 대한 객관적인 근거가 있어야 합니다. 아이가 아주 어릴 때는 무조건 칭찬하고 지지해주면 좋아했습니다. 진실성에 의심을 전혀 하지 않지요. 그러나 서서히 사춘기가 들어서면서 칭찬이나 지지해주는 어른에게 '의심의 눈초리'를 보냅니다. 칭찬이나 지지에 '나에게 무엇을 요구하려 하나?' 같은 생각을 한다는 겁니다. 특히 사춘기 이전부터 통제 당해온 아이들은 칭찬이나 지지를 썩 좋아하지 않습니다. 오히려 통제의 수단으로 여깁니다. 반면 어릴 때 관심과 사랑을 받지 못한 아이들은 사춘기에도 칭찬이나 지지를 원합니다.

지나친 긍정은 아이로 하여금 더 주눅 들게 할 수 있습니다. '뭐든 하면 된다. 안 되는 것이 어디 있어' 같은 태도는 아이로 하여금 '지금 노력을 덜 해서 게으른 것처럼' 여기게 할 수도 있거든요. 얼마나 부담되겠습니까?

또 하나, 부모가 아이를 '정말 아이의 관점'에서 긍정적으로 보는 것인지, 아니면 긍정적인 게 좋다는 생각에 맹목적인 건지 따져볼 필요가 있습니다. 아이의 자질, 능력, 기질, 꿈 등을 고려하지 않은 채 막연히 긍정적인 것은 '내가 만들고 싶은 사람을 만들려는' 태도일 수 있습니다.

객관성이 결여되고 상대방을 고려하지 않는 긍정적 마인드는 오히려 독이 된다는 것을 명심하세요. 무책임한 마인드입니다.

'존중'을 받은 아이는 '어른'이 되어간다

　　나름대로 아이를 잘 키운다고 했는데 사춘기가 무섭긴 합니다. 예전에도 아이들의 반항을 편안하게 받아넘기려고 노력했는데, 요즘은 조금만 뭐라고 하거나 캐묻는 기분이 들면 아이 눈빛이 달라집니다. 그런 걸 보면 저도 울컥 화가 치밀어 놀라기도 하고 속도 상합니다. 하지만 '사춘기는 독립하려고 몸부림치는 시기'라고 되뇌면서 받아들이려 했습니다. 조금 거리를 두고 대했더니 오히려 아이의 짜증이 줄고 태도가 좋아지는 걸 느낍니다. 아이는 정말 내 품에서 떠나나 봅니다. 남편이 '내가 있잖아. 우리끼리 잘 살면 돼'라고 농담 삼아 말해주는 것이 힘이 됩니다.

　　이 엄마의 고백처럼, 어쩌면 이 시기의 부모 노릇은 마음만 바꿔먹으면 가장 쉬울지도 모르겠습니다. 아이는 부모의 영향력이 줄어들면 스스로 자아를 찾아갈 것이기 때문입니다. 이 시기에 아이는 '내면화'를 이루어야 합니다. 자신에 대해서 고민하고 무슨 일을 하고 어떻게 살 것인지 같은 생산적인 고민을 해야 하는 것입니다. 뿐만 아니라 지금까지 '그렇다'고 믿어 왔던 것에도 '왜'냐는 질문으로 정체성에 대한 해답을 찾습니다.

이전의 시기를 잘 넘어왔다면 사춘기를 이렇게 보낼 겁니다. 반항이나 짜증은 늘 수 있습니다. 그렇지만 넘지 말아야 할 선까지 넘지는 않을 것입니다. 이전부터 불만족이 쌓여 왔다면 사춘기의 반응은 오로지 외부에 집중될 것입니다. 외부의 불합리한 것, 무조건 순종하라는 요구 등에 반항으로 일관하지요.

사춘기 시기는 초등학교 고학년부터 중학교 정도에 시작됩니다. 어떤 아이들은 호르몬의 변화가 오지 않는 상태에서 심리적인 사춘기가 빨리 찾아옵니다. 본격적인 사춘기는 아마 중학교 때가 아닐까 싶습니다. 이때는 신체적인 것과 심리적인 것이 같이 오기 때문에 홍역을 앓듯이 힘듭니다. 중학교 2학년 아이들이 제일 무섭다는 말들도 이 때문일 것입니다. 판단보다 행동부터 하기 때문에 사회적인 문제가 더 많이 드러납니다. 가끔 고등학생까지도 사춘기를 합니다. 아이 성향도 유순하고, 집에서 통제하는 힘이 강할 때는 시기가 늦어집니다.

사춘기의 내면화를 위해 가장 필요한 것이 있습니다. 이것은 '존중'입니다. 이 시기에는 자신을 어떻게 대해주는지에 무척 예민해져 있습니다. 그렇기 때문에 자신을 존중하지 않는다고 생각되면 불만을 드러냅니다. 존중이라는 단어가 상당히 고급스럽습니다만 사실 날 어른 취급하라는 의미입니다. 즉 내게 이래라 저래라 하지 말라는 것이지요.

｜ 쿨하게 포기할 줄도 알아야 한다 ｜

사춘기 아이를 어떻게 존중해 줘야 하나요? 우선 아이들이 자기 공간을 확보하려 합니다. 방문을 잠그고 서랍도 잠급니다. 자기 주변에 몇 cm 이내로 다가오는 것도 싫어합니다.

마냥 아이가 예뻐서 다가가는 것도 이제는 조심해야 합니다. 존중은 상대방을 함부로 하지 않고 상대방의 상태를 배려하는 것이지요. 그래서 부모가 꼬치꼬치 물어보는 것도 금물입니다. 대신 아이가 질문했을 때 즉각적으로 원하는 답만 해 주세요. 괜히 대답이 길어지고, 훈계 같다면 아이는 듣지 않으려 합니다. '됐어요' 같은 표현을 해서 부모가 상처 받지요.

사실 아이의 이 행동들은 갑자기 시작된 것은 아닙니다. 두 돌 이후부터 아이들은 '자기 마음대로'의 욕구를 표현해왔습니다. 이때부터 자식과 부모가 각각 독립된 인격체로 인정하는 훈련은 시작된 것이지요. 이때부터 '치사하지만……. 그래. 독립하려 하는 구나' 같은 생각으로 아이의 의사표현을 존중했다면 사춘기 때는 훨씬 수월합니다. '아직 어른은 아니지만 어른처럼 보이려 하는 행동에 박수를 보내마' 같은 마음을 먹게 됩니다. 부모가 준비되어 있으면 아이의 반항을 '스스로 관리하려는 모습'으로 보고, 여태까지의 기대나 간섭을 완전히 포기할 수 있습니다. 이런 면에서 부모의 과업은 '포기'입니다. 기대하지 않으면 마음이 상하지 않고, 존중도 가능합니다.

| 지적과 비난은 아이 입을 다물게 한다 |

아이가 지적이나 비난을 무척 싫어하는 때이니 되도록 이러한 표현은 피하는 것이 좋습니다. 지적이나 비난은 아이의 감정을 건들입니다. 그러니 말수를 줄이고, 귀를 여십시오. '응, 그렇구나.' 식의 대답만이 필요한 시기입니다. 아이가 별로 영양가 없는 말을 하고 비상식적이고 현실감 없는 이야기를 해도 '그래?' 같은 반응이 필요하다는 것입니다. 이러한 것을 잡아주려고 옳은 소리를 하면 아이는 비난으로 받아들인다는 것을 기억하십시오.

부모가 사춘기를 '아이가 아직 어른은 아니지만 어른의 인격체로 대접하라는 최후의 통첩'으로 받아들이라는 것입니다. 여태 자식을 내 소유라고 여겨왔고, 내 성취감과 욕구를 채워주는 존재로 여겼다면 이 작업이 쉽지 않습니다. 그렇지만 사춘기의 행동을 서로 분리하는 과정으로 받아들이고, 이러한 불만을 보여준 것을 고마워한다면 부모와 아이의 인생이 잘 굴러갈 것입니다.

이때 부모는 '그렇게 자기 마음대로 하고 싶으면 이것저것 알아서 잘하면 얼마나 좋아'하는 마음도 생깁니다. 하지만 아이는 자기가 원하는 것들까지 부모가 돌봐주길 원합니다. 특히 먹을 것이나 옷 등을 말입니다. 아이가 이런 모습을 보이니 부모는 얼마나 힘이 들까요? 정말이지 부모 역할이 무엇인지 새삼 깨닫게 되는 시기입니다. 부모는 자식이 내 품을 떠나는 날까지 그냥 조건 없이 필요를 채워줄 수밖에 없습니다.

만약 이 시기에 부모가 포기하지 못하고 계속 아이를 내가 원하는 모양대로 만들려 하면 아이는 의존적인데다 엉뚱한 고집이 생겨 쓸데없이 반발하고, 책임감 없이 자랄 것입니다. 사춘기는 지나갈 바람이라고 생각하고 그냥 기다려주십시오. 인내를 가지고 기다리는 이유가 바람이 지나가면 '내가 원하는 아이로 다시 돌아와 줄 것'이기 때문은 절대 아닙니다. 바람이 지난 후에는 내 곁에서 더 멀리 떨어진 독립된 인격체로 여겨야 합니다. 그렇다고 아이가 준비되지도 않았는데 독립을 요구하는 것도 썩 좋지는 않습니다. '독립하라'는 부모들은 상당히 통제적인 사람들이거든요. 그전에도 아이를 통제했을 테고 이제 독립할 시점도 통제하는 것이기 때문입니다.

'부모' 아닌 '부부'의
현재 모습은?

　　　　아이들이 사춘기일 때면 부부도 이제 미운 정 고운정이 꽤 들었을 것입니다. 상대방에게 무덤덤한 마음들이 지배적일 것이고, 때론 권태기인가 싶을 겁니다. 익숙해지면서 서로 포기하고, 거리를 두게 되지요. 엄마는 아이와 긴 시간 싸우면서 조금씩 포기하게 됩니다. 그런데 아빠들은 뒤늦게 육아에 뛰어듭니다. 그러다 보니 엄마가 남편에게서 아이를 보호하느라 대리전을 할 수도 있습니다. 어떤 아빠는 아이와 엄마의 치열한 싸움을 보며 '비웃고 냉소적인 웃음'을 보냅니다. '애 하나 못 다뤄서 같이 싸우냐'고 말이지요. 이런 남편에게 부인은 찬바람을 느낍니다. '나의 애환을 몰라주는구나' 싶지요.
　　전부터 부부가 서로 친밀하고, 독립된 감정을 잘 유지해왔다면, 아이의 사춘기를 서로 같은 시선으로 바라봅니다. 아이의 어디로 튈지 모르는 태도와 말, 행동에 상처 받을 때 서로 위로합니다. '이제 우리 부부밖에 없다. 자식에게 기대하지 말자'는 우스갯소리도 하면서 말입니다.

그전부터 이렇게 잘 지내왔다면 다행인데, 만약 전부터 삐거덕댔다면 현재가 더 힘들어집니다. 그럼 이 시기에 어떤 노력을 해야 아이에게 상처를 덜 받고, 부부끼리 서로 위로하면서 부모 노릇을 잘할 수 있을까요?

부부 관계 재점검 시간 갖기

자녀들이 심리적으로 독립하는 이 시기에 부부 관계도 점검해야 합니다. 아무 준비가 없는 상태에서 아이의 사춘기 행동을 보면 부모는 여태 아이에게 쏟은 정성은 대체 뭐였나 싶어 혼란에 빠집니다. 1차적으로 상실감이 옵니다. '내가 여태 얼마나 귀하게 키웠는데, 나에게 함부로 대해? 이제 누굴 믿고 사나'하는 생각이 들지요. 배우자의 존재감이 없을 때는 더 합니다. 배우자 대신 자녀에게 온 관심을 쏟았을 경우 말입니다. 예컨대 아이에게 올인한 엄마는 상실감이 더 큽니다. 아빠 역시 아이가 툭툭 내뱉는 말에 상처 받습니다. '마누라가 날 무시하더니 이젠 자식까지 무시하네?' 같은 생각에 사로잡히지요. 이때 부부 관계가 돈독하다면 쉽게 헤쳐 나갈 수 있지만, 아닐 경우에는 아이들에게 상처받은 감정을 배우자에게 풀면서 관계가 더 나빠집니다.

이즈음 부부 관계를 한 번 돌아볼 필요가 있습니다. 아이에 대한 서운함만 생각하지 말고 결혼생활을 지속하려면 부부만의 관계를 생각해 보십시오. 누구든 이런 생각이 들어야 상대방에게 대화를 시도합니다. 혼자 하기 힘들면, 가족이나 부부를 위한 프로그램에 참여하는 것도 방법입니다. 직접 말하기가 힘들면 '메일을 써서 전달하는 것'도 방법이고요.

아이에게 느낀 상실감을 다시 아이에게 채우려 하기보다 부부가 서로 위로해주는 것이 더 필요합니다.

자녀에 대한 태도 합의하기

부부는 이제 "아이는 내 마음대로 되는 것이 아니다. 그냥 묵묵히 지켜보자. 잔소리는 하지 말고, 아이가 필요한 부분을 채워주자." 식의 대화가 필요합니다. 자녀에 대한 태도를 일치할 수 있도록 말이지요. 그렇지 않으면 관계가 망가집니다. 상대방을 비난하지 말고 '당신, 애 때문에 속상하지?'라며 위로만 해 주십시오. 부부가 자녀와 대적해서 편을 갈라 싸우듯 배우자 편을 들어주라는 것이 아닙니다. 배우자의 마음을 알아주라는 것입니다. 아이에게도 '엄마아빠 때문에 속상했지?'라며 위로해 주세요.

자기 부모에 대한 감정 나누기

사춘기 아이의 행동을 보면서 '난 어떻게 행동했고, 우리 부모님은 어떻게 대했는지'를 부부가 가감 없이 나누는 것이 필요합니다. 사실 자기 부모에 대한 감정을 표현하는 것은 힘듭니다. 그러나 부부가 인생의 여정을 동행할 사람으로 마음을 연다면 이것은 가능할 수 있습니다. 이제 정말 누구의 자식으로서가 아닌 누구의 부모로, ㅇㅇㅇ인 개인으로 살아가야 합니다. 그렇기 때문에 이 과정은 필요합니다. 사실 이런 과정을 아이들이 어릴 때 했다면 더 좋지요. 하지만 중요한 것은 서로 마음의 여유가 있어야 돌아볼 마음이 있다는 것입니다.

과거를 나누면서 혹시 나에게 어떤 마음이 도사리고 있는지 살펴야 합니다. '난 이렇게 부모의 사랑을 못 받고 자랐다'는 것을 나누면서 '그러니 당신은 더 나에게 잘해줘야 해.' 같은 마음은 없는지 확인해 봐야 한다는 것입니다. 부부가 마음을 나누는 것이 상대방에게 의무감을 심어주려는 행동이 되어서는 안 됩니다. 그런데 의외로 많은 부부가 자신이 힘들다는 이야기를 하면 배우자가 당연히 '돌봐주어야' 한다고 생각합니다. 그러다 보면 서로 사인이 맞지 않아 부담을 느끼지요. 만약 그런 마음이 있다면, 그것은 상대방에게 '부모 역할'을 바라는 마음임을 알아야 합니다. 혹 몸이 아픈데 '왜 당신은 나에게 관심이 없냐'며 삐치기도 하고, 적극적으로 '이렇게 돌봐 달라'며 떼쓰지는 않나요? 배우자가 미안한 마음에 해 줄 수도 있지만 너무 잦아지면 부담스러워할 것입니다. 서로 자유로운 상태에서 돌아봐 주려고 해 보십시오. 받으려고만 하지 말고 말입니다.

개인 시간 갖기

'누구의 부모, 누구의 배우자'라는 이름이 아닌 나 개인만의 뭔가가 필요합니다. 취미도 갖고 육아 때문에 잠시 중단했던 일도 재개해 보세요. 물론 전적으로 투자할 수는 없습니다. 아직 아이가 독립할 단계가 아니니 말입니다. 이렇게 나만의 시간을 갖는 것도 서로 독립된 영역을 인정하는 성숙한 모습입니다. 조금씩 시도해 보세요. 그러나 지나치게 시간을 투자해서 부부 관계에 악영향을 주지 않도록 균형을 잘 잡으세요. 개인 시간을 갖는 것 자체를 부부 관계를 깨는 것으로 인식하는 사람들도 있습니다. 이것은 그 사람이 상대 배우자를 '부모'로 생각하기 때문입니다.

사춘기가 지났다고
안심하지 마라

　사춘기가 지나고 나면 아이들이 어느 정도 안정되고 소위 '철든 행동을 합니다.' 부모가 질문하면 웬일인지 대답도 하고 짜증도 덜 내지요. 대화도 조금 됩니다. 이런 상황이 오면 부모들이 착각할 수 있습니다. '어, 내 곁을 영 떠난 것은 아니네?'라고 말입니다.
　이제 사춘기를 겪고 나면 아이들이 나름대로 진로를 고민합니다. 공부도 뒤늦게 열심히 합니다. 생각도 정리되고, 영글어진 느낌입니다. 이때 많은 아이들이 대학을 가려고 애를 씁니다. 물론 대학이 아닌 자신만의 길을 가는 똑 부러진 아이들도 있습니다. 어떻게 보면 관계의 안정기라고 볼 수 있지요. 하지만 이럴 때도 부모가 아이에게 뭔가 요구하려 들면 아이의 인생은 독립적이지 못하게 됩니다.

부모, 대학에 목숨 걸지 마라

많은 부모들이 아이들이 커갈수록 더 가까이 보필하려 듭니다. 맞벌이 부모조차 아이들의 학습 뒷바라지를 위해 직장을 그만둡니다. 사실 아이들에게 부모가 필요한 시기는 학령기 전입니다. 그런데 많은 부모들이 거꾸로 접근합니다. 아이의 대학 진학을 위해 부모가 더 매진하는 것이지요. 오히려 아이에게 더 거리를 두어야 할 때에 아주 직접적인 개입을 합니다. 아이의 학원을 알아보고, 거액의 과외도 서슴지 않습니다. 교육비에 상당한 비용을 투자합니다. 투자, 맞습니다! 나중에 이자를 바라니까요.

아이는 학교에서 머무는 시간이 길어지는데, 엄마들은 집안에서 꼼짝도 못합니다. 아이의 시험기간에는 이웃에게 '피아노, 잡음'을 내지 않도록 부탁하고 다닙니다. 아파트 주변의 음식점 매출이 떨어질 정도로 집안에서 조용히 머뭅니다. 사람들과의 관계도 학업을 위한 도움으로 맺습니다. 대학이 목적이 되는 것이지요.

이렇게 열심히 하다 보니 아이의 학업 성적에 따라 엄마에게 감정 기복이 생깁니다. 아이 성적이 낮아 며칠째 우울해하기도 하고 창피해서 바깥에도 못 나가지요. 그러다가 아이가 시험을 잘 본 날에는 '엄마들에게 한턱 쏩니다.' 엄마의 인생은 없고 오로지 아이의 학업 성적만 전부인 것이죠. 아이가 고3이 되면 엄마는 모든 활동을 접고, 때론 종교 활동기도, 예불, 미사 등에 매진합니다. 아이의 대학 시험을 위해 말입니다. 고3 엄마들은 마음도 몸도 긴장 상태입니다. 아이가 스트레스를 받으면 덩달아 스트레스를 받고, 아이의 공부를 위해 아빠들에게 TV도 못 켜게 하지요.

수능 예상 점수가 낮으면 아이보다 엄마가 더 좌절합니다. 아이가 원하는 대학에 못 가면 '실패자'인 양 오랫동안 속상해합니다. 이것은 결국 내가 성취감을 맛보고 싶은데, 그러질 못해서 생긴 불안과 좌절입니다. 아이와 분리되지 못한 전형적인 모습이지요. 대학 입학을 훈장처럼 여기고 자랑스러워하거나 주눅 드는 것은 우리 부모들의 병폐입니다.

문제는 부모가 대학에 목숨을 걸면 '아이는 스스로 죄를 지은 것처럼' 주눅이 듭니다. 이러한 기대나 상황 자체가 아이에게 '업적 위주, 결과 위주'의 가치관을 심어주어 '꾸준한 노력과 정직한 과정'을 중요하게 여기지 않게 됩니다. 이렇게 어른이 되면 '인간미와 도덕성까지 상실한' 상태가 될 가능성이 많습니다. 그리고 열등감 속에서 살게 되겠지요. 아니면 자신이 원하는 대로 이루었더라도 '다른 사람들을 무시'하는 태도를 보일 것입니다.

| 삶의 내적 동기를 찾는다 |

사춘기를 지나면서 아이들은 서서히 내면화를 이루어갑니다. 아이의 내적 동기가 생겼다는 뜻입니다. 내적 동기는 어떤 단계를 거쳐서 만들어질까요? 우리나라 학생들은 내적인 동기는 아주 낮은 편이고 외적인 동기가 높다고 합니다. 이 말은 뭔가 외부에서 보상이나 자극이 주어져야만 하려는 마음이 생긴다는 것이지요. 이것은 아이가 삶을 스스로 주도해 왔다기보다 바깥에서 주도해 왔다는 것을 의미합니다. 부모, 학교가 각자의 명예를 위해 아이를 끌고 온 것이지요. 외적인 동기가 높으면 반대로 내적 만족도가 낮고 행복감이 낮습니다. 수동적인 삶의 결과이지요.

내적인 동기는 아이가 하고 싶은 것을 할 때 생깁니다. 처음에는 별 의미 없는 것도 있을 것입니다. 그러나 하고 싶은 것들이 충분히 보장되면 점점 자기 인생을 어떻게 이끌고 무슨 일을 하며 살아갈지를 생각하게 됩니다. '스스로'라는 삶의 태도가 자리하게 되지요.

이런 의미에서 내적인 동기는 아이가 부모와의 관계에서 꾸준히 기분 좋은 경험이 있어야 가능합니다. 그 후 선택의 기회가 많아야 합니다. 충분히 격려를 받으면서 말입니다. 그렇게 되면 자신감이 생기고, 자신을 괜찮은 사람으로 인식하는 자아 존중감이 커집니다. 그 후 자기가 하고 싶은 일을 위한 '도구'로 공부를 합니다. 꿈이 생기지요. 존중을 받았기에 자신을 존중할 줄 알고, 다른 사람도 존중하게 됩니다. 그리하여 자신에게 유익하고 더 나아가 나누는 삶도 추구하게 됩니다. 이 과정에서 부모는 강제를 줄이고, 기회를 주려고 노력해야 합니다. 그래야 아이가 자유로이 사고하고, 책임감 있게 삶을 선택할 것입니다.

아이는 이제 자신의 생각과 의지로 행동하는 나이가 되었습니다. 아직 미흡합니다만, 부모에게 자기 의도나 생각을 충분하게 표현할 수 있어야 합니다. 그것은 부모가 얼마나 잘 들어주고 수용하느냐에 달려 있지요.

아이 때문에 내 인생을 깜빡 잊어 버렸나요?

아이의 인생이 결코 내 인생이 아니란 걸 알면서도 받아들이지 못하는 부모들이 많습니다. 명심하십시오. 반드시 분리해야 합니다. 자녀의 성공이 내 성공이란 태도는 '내 인생을 버리는 것'입니다. 부모 역할에 대해 생각해 본 적이 없다는 뜻도 됩니다. 아이는 내 소유가 아니고 나의 성공 도구가 아닙니다. 부모는 자녀들을 도와주는 역할일 뿐입니다. 도울 수 있는 기간도 정해져 있습니다. 아이가 독립하려 할 때부터두 돌 이후부터 돕는 것도 서서히 줄여야 합니다.

참 재미없지 않습니까? 자녀의 인생이 내 인생이라니요. 그렇게 생각하면 좌절감과 실패감이 들지 않습니까? '아이 인생은 아이 것'이고 '내 인생은 나의 것'이라고 다시 생각해 보십시오. 아이 인생에 내 인생을 묻어가는 것은 비열한 방법입니다. 인생은 깁니다. 학벌이 좋다고 인격이 좋은 것은 아니고, 학벌이 아이가 행복한 인생을 살게 하는 것도 아닙니다.

좀 더 성숙해집시다. 나이가 든다는 것은 20대에 치중했던 화려함에서 벗어나 내면을 바라보는 것일 겁니다. 나이가 들어가면서도 내면을 보지 않는다면 성장하지 않는다는 것이지요. 우리가 잘 늙어가려면 지금 아이들의 학교와 관련된 자격지심을 버려야 합니다. 어떻게 버리냐구요? 그것을 마음에 지녀서 행복하다면 가지고 계십시오. 그렇지 않다면 버리는 태도나 훈련도 필요합니다. 결국 이것을 버리지 못하는 이유는 아이의 성취를 통해서 남들에게 인정받고 자신의 존재감을 만끽하려는 것이지요. 이런 의미에서 자신이 어떤 삶을 살았는지 조명해 보아야 합니다.

아이의 학교 때문에 우울해하지 마세요. 속상해 하는 아이를 편안하게 위로하는 부모가 많아지길 기대합니다. 아이가 인생을 얼마나 즐겁게 살고 자신과 남에게 유익하게 사는지에 초점을 맞추세요. 훨씬 가벼워질 것입니다. 그리고 이제 자신의 삶, 부부의 삶을 바라보세요.

사교육비 말고 노후 준비를!

많은 금융 전문가들이 '아이의 사교육비를 줄여서 노후 자금으로 만들라'고 조언합니다. 전적으로 동의합니다. 노후를 위해서가 아니라 그만큼 아이에게 매이지 말라는 의미에서요. 아이를 성공시켜 자신의 노후를 책임질 생각을 했던 사람들은 절대 동의하지 못할 조언이지요.

공허함이 부르는 '중년의 반란'

자녀에 매여 있다면 이 무렵 부부는 서로 외로워하며 뭔가 자극을 바랍니다. 그런데 부부 관계를 개선하려기보다 '중년의 반란'이라는 명목으로 다른 사람들에게 눈을 돌립니다. 남자 친구, 여자 친구라는 이름으로 말입니다. 배우자에게 존중과 위로를 받지 못했다고 생각해서 다른 사람들에게 눈을 돌립니다. 그렇다고 잠시 지나치는 바람으로 자신을 위로하지 마십시오. 이것은 아이와 부부 관계에 결코 좋은 영향력을 줄 수 없습니다. 심지어 어떤 사람은 바람에 긍정적인 면이 있다고 말합니다. 다른 사람을 만나고 오면 '가족에게 미안해서 잘해주게 된다'는 논리지요. 과연 이런 논리가 신뢰를 바탕으로 하는 가족 관계에 적절한 표현일까요? 자신의 바람은 로맨스이고 상대방의 바람은 불륜이라고 보면서 말입니다.

서로 냉정하게 따져 보십시오. 우리가 이혼할 것인가? 신중하게 생각해 보십시오. 만약 이혼하게 된다면, 후회 없는 이혼을 위한 노력도 필요합니다. 이혼하기 전에 서로 진심으로 대하고, 위하는 태도를 취하십시오. 반드시 이런 노력을 한 다음에 선택하게 된 이혼이어야 합니다.

만약 이혼할 맘도 없고, 노력할 맘도 없다구요? 상담하다 보면 이혼도, 노력도 못하겠다는 사람들이 많습니다. 그냥 재미없이 불편하게 사는 것에 어떤 의미가 있을까요? 혼자가 힘들면 전문기관을 찾아 개선 기회를 꼭 갖기 바랍니다.

PART 07

홀로서기에 성공한 자녀, 멋스러운 중년 부모

신뢰와 사랑, 성공으로 다져진 가정의 마지막 과제, 홀로서기

부부, 상실의 시대와 인생 2막

애들이 아주 어려 손이 많이 갈 때는 많은 부모들이 '애들이 후딱 컸으면 좋겠다'는 생각을 많이 했을 겁니다. 아이들이 중학교에 가면서는 갑자기 시간이 빨리 가는 것 같았는데, 이제 정말 그런 때가 왔습니다. 기다리던 시기라 마냥 기분이 좋을까요? 오히려 애들이 없어서 심심하고, 적적한 기분이 드나요? 이전 시기를 잘 보냈다면 지금 마음은 편안할 것입니다. 아이를 돌보기가 힘겨웠던 사람은 지나칠 만큼 홀가분하겠지요.

아이들은 이제 군대 혹은 학교, 직장에 다닐 것입니다. 이제 다 키운 것 같지만 이 시기에도 나름의 스트레스 요인이 있답니다.

내보냄

자녀들이 완전히 품을 떠난 것은 아니지만, 학교나 군대, 직장 생활 등으로 집을 떠나게 됩니다. 부모가 떠나보낼 준비가 되어 있지 않으면 자녀들이 떠난 빈자리에 우울감만 남습니다. 자녀들이 바빠 연락을 자주 못하면 이것을 기다리는 부모는 하루 종일 불편해 합니다. 자녀들의 일거수일투족을 알고 싶어 안달합니다. 이런 부모에게 자녀의 성장은 아픔으로 남고 자녀들의 태도가 무관심해 보이겠지요.

건강의 상실

아이들이 20대가 될 때면 서서히 부모 건강에도 적신호가 옵니다. 그전에 건강을 챙겨왔다면 건강의 상실 역시 받아들이기 쉽지만, 그렇지 못한 사람은 건강에 문제가 생기면 '여태 무슨 인생을 살았나?' 싶은 허무감이 들 것입니다. 모든 것이 무너진 것 같은 좌절감이 엄습합니다.

자녀 학비 지출

자녀 둘만 대학을 동시에 다녀도 생활하기 힘들 정도로 학비가 비쌉니다. 돈을 쓰는 것 가지고 부모와 아이가 실랑이하는 일이 허다합니다. 물론 부모의 부담을 덜어주려고 노력하는 기특한 아이가 있지만 말입니다. 그렇지 않은 아이들은 대학 때 돈을 물 쓰듯이 쓰고, 값비싼 브랜드에 집착하기도 합니다. 철없는 아이 때문에 부모의 속은 타들어 갑니다.

취직 불안

요즘처럼 경제가 힘들 때 최고 화두는 단연 취직입니다. 대학만 들어가면 끝인가 했는데, 대학을 가자마자 취직을 준비합니다. 날이 갈수록 취직은 까다롭고, 다양한 여건 부족으로 모든 가족의 걱정거리가 될 수도 있겠지요.

자녀의 연애

자녀들이 연애하여 상대방과 집을 왕래하기 시작합니다. 이 새로운 사람의 출현 자체가 가족에게 위협이 되기도 합니다. 부모는 자녀의 연애 상대가 원하는 타입이 아니거나, 잘 모를 때 자녀의 연애를 쿨하게 인정해야 하는지 고민합니다. 만약 부모가 자녀와 분리되지 못했다면 자녀의 연애 대상자에게 묘한 질투를 느끼고, 소외감마저 들 수 있습니다.

퇴직 준비 혹은 창업

수명은 늘어난 데 비해 대부분의 부모의 퇴직 연령은 50대에서 60대 사이에 있습니다. 혹은 이른 나이에 퇴직을 하기도 하고, 혹시 모를 퇴직에 대한 걱정도 많습니다. 새로운 사업을 시작하기도 합니다. 그런데 준비 없이 사업에 뛰어들 경우 불안과 체력 고갈 같은 스트레스에 시달릴 수 있습니다. 가족들 역시 부모의 사업으로 불안해질 수 있습니다.

친구들

예전 친구들의 성공 소식이나 부음이 들리면 만감이 교차합니다. 내 인생은 왜 이런가 싶기도 하고, 죽으면 무슨 소용인가 싶어서 인생에 대해 깊은 생각을 하게 합니다. 성공한 친구들의 소식에 '학창시절의 자신과 친구 모습'을 비교하게 되고 왠지 속상한 마음이 드는 것이지요. 이런 스트레스는 곧장 집으로 쏟아집니다. 배우자 혹은 자녀들에게 속상함을 퍼붓지요. 영문을 모르는 가족들은 그저 기분만 나빠질 뿐입니다.

이러한 스트레스 요인들로 인해 우울감이 내 인생 전체를 지배하는 느낌도 들 수 있습니다. 반면 인생의 후반기를 편안한 마음으로 즐겁게 받아들이는 가족들도 있겠지요.

결실의 시대,
비범하거나 혹은 미약하거나

　　　　　그럼, 이 시기에 가족이 자기 삶에 충실하고 서로 힘이 되어 주는 집과, 가족의 힘이 미약한 집을 비교해서 살펴볼까요?

장면 1)

- 견고한 가족의 모습

　우리 아이가 이제 법적인 성인이 되었네요. 그간 마음을 졸이며 키웠는데……. 어설프지만, 우리 아이가 어른 대열에 참여하네요. 학교도 가고, 직장도 다니고……. 이것저것 챙기고 잔소리할 필요가 없어서 좋습니다. 다 컸다고 용돈도 자기가 벌려고 하네요. 용돈을 받아 쓸 때도 부모 생각해서 아껴 쓰려 하구요. 앞으로 자기가 원하는 것을 찾아서 한다고 하네요.

- 미약한 가족의 모습

아이가 이제 성인이 되었다고 간섭도 하지 말랍니다. 내 눈에는 아직도 어설픈데 말입니다. 어른이 되었다고 돈도, 시간도 자기 마음대로 쓰고 그동안 못했던 것들도 한답니다. 게임이며 멋 내기며 모두 다요. 그래서 저도 계속 잔소리를 하게 됩니다. 왜 철이 안 드는지 모르겠습니다. 나이가 들면 철이 들 줄 알았는데…….

아이는 명품 가방을 사 주지 않는다고 불만이 이만저만 아닙니다. 나 역시 사주고 싶지요. 우리 아이가 어디 가서 뒤지지 않길 바랍니다. 그걸로 많은 돈을 써서 때론 짜증도 납니다. 군에 보낸 아들과는 틈틈이 연락합니다. 적응은 잘하는지 궁금해서 잠도 안 오고 그저 안쓰럽습니다. 무슨 수를 써서라도 현역을 보내지 말 걸 그랬습니다.

장면 2)

- 견고한 가족의 모습

사실 저는 아이가 전문직으로 갈 바랐는데, 아이는 사람을 만나는 영업 일이 좋다며 학과도 경영 쪽을 고르더군요. 내가 원하는 바는 아니지만, 아이가 좋다니까 찬성입니다. 아이가 사귄다는 아이를 한번 봤습니다. 마음을 많이 비웠지만, 내가 원하는 배우자감보다는 조금 아쉬웠습니다. 그러나 아이의 인생이니 마음을 내려놓습니다. 결혼식도 비용을 아끼면서도 의미 있는 결혼식으로 하려고 한다네요. 물론 우리 부부 역시 예단이나 격식을 과감하게 깨보려 합니다. 쉽지 않더라도 노력해 봐야죠.

- 미약한 가족의 모습

대학갈 때 우리 아이와 많이 싸웠습니다. 왜 아이는 자기 미래를 잘 모를까요? 저런 선택은 틀림없이 후회하게 될 텐데 말입니다. 그러나 내가 누구입니까? 자식의 장래를 살뜰히 챙기는 부모지요. 그래서 내가 이겼습니다. 아이가 대학을 다니면서도 시간을 아무렇게나 써서, 고등학교 때처럼 잔소리해서라도 지각은 하지 않게 하려구요. 결국 내 덕에 아이는 4년을 무사히 다녔습니다.

결혼은 누가 봐도 번듯하길 바랍니다. 예단은 상대편이 우리에 대한 예의라고 생각합니다. 자식을 이렇게까지 키워준 부모를 향한 것이지요. 빚을 내더라도 남에게 손가락질 당하지 않는 결혼식이 되길 바랍니다.

장면 3)

- 견고한 가족의 모습

아이들이 고등학교를 졸업하고 나서부터는 학비, 용돈 등으로 지출이 너무 많아졌습니다. 가계에 보탬이 되고자 맞벌이를 시작했지요. 일을 한다는 것이 즐겁습니다. 힘은 들지만, 아이들이 완전히 독립할 때까지 부모 역할을 다하려 합니다. 덕분에 사회생활도 해 보고요. 우리 부부만의 시간도 많아졌습니다. 대화도 더 깊이 있어졌고요. 아이들 이야기뿐 아니라 우리 감정도 솔직히 털어놓습니다. 남편이 이전보다 가정 일에 많이 신경 써주네요. 고맙게 말입니다. 우리 집에서 요즘 가장 많이 하는 말이 '고맙다'입니다. 아이들이 집안 형편을 생각해서 아끼는 것도 고맙고 우리 부부가 서로 신경 써주는 것도 고마우니까 말입니다.

- 미약한 가족의 모습

애들 뒷바라지가 끝이 없네요. 언제까지 내 인생은 애들 때문에 붙들려야 하나요. 편하게 놀았으면 좋겠습니다. 돈도 마음껏 쓰고요.
우리 부부는 요즘 만나면 싸웁니다. 애들 어릴 때를 생각하면 서로 쌓인 게 많은가 봅니다. 왜 이렇게 성격이 다를까요? 감정을 조금이라도 털어놓으려면 '내 감정'이 더 크다며 또 싸우지요. 남편이 가정 일에 신경 써 주기는 하는데, 움직여서 도와주기보다는 잔소리만 늘었습니다. 남편이 보기엔 부인이 저렇게 가정을 대충 꾸려서 우리 집 형편이 더 힘든가 싶나 봐요. 다른 집 여자들은 재테크도 잘하는데 우리 집 여자는 쓰기만 잘한다고 하네요.

어떤가요? 아무런 문제가 없다고 잘 사는 것은 절대 아닙니다. **지난 세월을 어떻게 지냈는지에 따라 지금의 방식이 달라지는 것이지요.**

지금은 결실의 때입니다. 어느 집은 안정적인데, 어느 집은 그렇지 않다면 지난 세월의 차이겠지요. 이 시기에는 어떤 특징이 있고, 어떻게 지내야 가족의 놀라운 힘이 발휘될지 알아봅시다.

독립하지 못하면,
사랑도 일방통행으로

　이 시기는 식구들이 각자의 자리에서 가족보다 소속 집단에 더 열심히 임하는 시기입니다. 아이도 독립할 수 있는 시기이구요. 물론 경제적인 독립은 못하는 경우가 허다합니다. 그전에 부모에게 반항하지 못했던 자녀들은 이 시기에 반항하기도 합니다. 말대꾸도 하고 가족의 규칙(귀가시간 등)을 지키지 않지요. 뒤늦게 독립을 위한 자아를 표현하는 것입니다.
　아이는 이제 정말 독립된 성인의 모습을 갖추어 나갑니다. 만약 이전에 독립하지 못했다면 대학에 가서 본격적으로 내면 문제를 드러낼 것입니다. 고등학교까지는 그럭저럭 부모의 도움으로 굴러왔는데, 이때부터는 부모의 도움에도 한계가 있어서 감추어진 문제들이 드러나는 것이지요. 학교나 직장에도 적응하지 못합니다. 만약 이전까지 자녀의 욕구가 채워지지 못한다면, 자녀는 거대한 사회에 혼자 발을 내딛는 기분일 겁니다. 이런 문제가 갑작스럽게 생긴 걸까요? 사실 그전부터 조짐이 있었는데, 부모가 그 빈자리를 대신했던 것입니다.

어찌되었든 이 시기에는 독립을 해야 합니다. 이때는 눈에 보이는 독립입니다. 자녀는 어떻게 살지에 대한 꿈과 청사진을 가지고 직접 행동합니다. 그전에는 막연히 머릿속에서 그리기만 했지만 이제는 '내'가 삶을 움직여야 하는 때가 온 것이지요. 자녀 혼자 살아갈 조건도 충분한 때입니다. 심리적, 인지적, 정서적인 측면에서 말입니다.

︱ 늦바람의 무서움 ︱

우리 아이가 정말 어른이 되는 걸까요? 실제 주변의 많은 아이들을 보면 부모의 울타리가 너무 강하기 때문에 그냥 '막연하게 내 마음대로 하려는' 모습들이 강합니다. 부모의 간섭이 어느 정도 줄고 자신의 힘이 세졌기 때문에 사춘기 애들처럼 반항하는 것이지요. 자신을 책임질 마음보다는 '아직도 내 마음대로'의 마음이 더 큽니다. 몸은 어른이 되었지만 심리적인 부분은 사춘기 초기에 머물러 있습니다.

여태 부모의 개입으로 못했던 활동게임이나 쇼핑, 음주 같은을 생각 없이 합니다. 특히 부모와 떨어져 지내면 이러한 현상들은 더 심합니다. '내가 하고 싶은 것'을 하는 게 나쁜 것은 아니지만 내 삶에 얼마나 도움이 되는지 파악하기보다 그저 욕구대로만 행동한다는 것입니다. 사춘기 때 했어야 하는 반항을 하지 못하면 통제력이 확 줄어드는 성인기에 하게 되지요.

| 사랑도 부모 그림자 밑에서? |

A군과 B양은 연애를 했습니다. A군은 처음엔 B양을 무척이나 자상하게 챙겼습니다. 음식도 몸에 좋은 것으로 챙기고, 옷도 너무 야한 것은 입지 말라고 했습니다. '남들이 내 여자친구를 훑어보는 게 싫어서'라는 이유였죠. B양은 감동했습니다. '어쩜 이렇게 자상하고 나만 바라보는 남자일까' 싶었지요. 시간이 지나면서 A군의 지시와 간섭은 점점 많아졌습니다. B양은 자기 뜻대로 하는 것이 없었지요. A군은 B양의 머리 모양이나 옷차림까지 정해놓고 '날 사랑한다면 내가 원하는 대로 해 줘'라고 요구했습니다. 갈수록 구속당하는 기분이 들어 B양은 헤어지기로 했습니다.

그런데 얼마 안 있어서 A군은 C양을 만났습니다. C양은 B양과 달리 A군이 하라는 대로 했습니다. A군은 C양과 있으면 존재감이 느껴졌고, C양은 A군이 의지되고 사랑받는다고 여겼습니다. 한편 A군은 가끔 C양이 너무 자기 생각이 없어 답답하고 자신에게 기댄다는 생각이 들었습니다. C양 역시 A군이 너무 독재적인 것 같았지만 '사랑하니까' 모든 것을 덮었습니다.

연애할 때 사랑이라는 이름으로 모든 것을 해석합니다. 그러나 이 사랑도 자기 부모에게 욕구가 얼마나 채워졌느냐에 따라 관계의 모양새가 달라지지요. 누군가 날 열심히 챙겨주길 바라는가 하면, 내가 원하는 대로 챙기는 사람들도 있습니다. 감정이나, 행동을 통제할 때 욕구의 흐름만 따라갑니다. 욕구가 채워지지 않으면 성장도 못한다는 것이지요. 그렇기 때문에 연애의 아픔은 배가 됩니다. 사랑에 기대하고 실망하는 것들이 내가 원하는 모양새와 다르기 때문입니다.

'어른 아이'로 키워내고 말았다!

내 아이가 남보다 잘나고, 좋은 대학과 직장에 다녀 보란 듯이 행복한 삶을 살길 바라는 부모들이 많습니다. 그러다 보니 아이를 독립시키면 내가 행복하게 만들어줄 수 없을 것 같습니다. 그래서 대학, 직장에 들어가는 아이를 여전히 중학생 정도로 취급합니다. 이것이 부모 마음이라면서 말입니다. 심지어 자녀가 대학 시험장, 입사 시험장에 갈 때도 부모가 동행합니다. 함께 가지 않는 게 무관심이라고 생각합니다.

| 부모가 대신해줄 수 있는 건 결국 아무것도 없다 |

요즘 대학가에는 엄마들이 자녀 성적이나 장학금 이의신청을 하는 걸

심심찮게 본다고 합니다. 치맛바람이 대학까지 분다는 것은 '내가 아이를 어른으로 키우지 못했다'는 뜻입니다. 입사 시험도 대기실에 부모가 그득하다는 기사가 나옵니다. 이런 풍경들은 그만큼 부모가 아이를 놓지 못했다는 뜻입니다. 마무리까지 깔끔하게 내가 원하는 모습으로 아이를 만들어 보겠다는 의지가 강한데, 그럴수록 자녀는 나약해질 수밖에 없습니다. 이것을 '부모의 마음이고 가족의 정'이라고 치부하기에는 너무나 부정적입니다. 이렇게 키운 자녀를 결혼시킬 때는 얼마나 힘이 들까요? 아들이건 딸이건 부모는 '자신이 원하는 짝'을 찾으려 노력하겠지요. 자신이 자녀를 만들었기 때문에 자녀가 다른 사람과 또 다른 공동체가족을 만든다는 것을 받아들이기 어려운 겁니다. 오히려 내 자식이 하나 더 생긴 것으로 여기려 하지요. 양쪽 부모 다 말입니다.

아들을 군대에 보내면 부모는 정말이지 매일이 힘듭니다. 아이가 혹시 구타당하지 않을까, 제대로 적응할까 싶어서요. 아들이 휴가를 나오면 부모는 매일 곁에 두려 합니다. 친구를 만나고 싶어 하는 아들에게 '왜 가족과 지내지 않냐'며 서운해 합니다. 이것은 애틋함이 아니라 독립시키지 못한 마음입니다. 가족이라고 무조건 부모가 생각하는 형태로 친밀해야 하는 건 아닙니다. 자녀가 독립하면 서로 좋은 감정을 갖되, 다른 관계로 확장된 각자의 상황을 인정해야 합니다.

아이가 성장하는 만큼 부모 마음도 성장해야 합니다. 성장하지 못하는 가장 큰 이유는 부모 자신의 빈자리를 자녀로 채우려 하기 때문입니다. 특히 부부 사이가 좋지 않다면 자녀를 떠나보내기는 정말 어렵습니다.

자녀가 든든하게 보이는가?

　　장성한 아들을 둔 부모에게 주변 사람은 '이제 다 키워서 든든하겠다'는 말을 자주 합니다. 이 말에 깔린 심리가 무엇인지 혹시 생각해 보셨나요? 딸에게는 그런 말을 안 하면서 왜 아들에게는 든든하고 듬직하다고 할까요? 아들에 기대심리가 있기 때문입니다. 요즘은 세상이 바뀌어서 아들보다 딸이 부모에게 잘한다고 하는데 그래도 마음속에는 '내 아들', '남 줄 딸'이라는 생각이 있다는 것이지요.
　　공들여 키웠으니 내가 기댈 보험 같은 존재로 아들을 보는 것이지요. 이것은 '내가 자식에게 의존하겠다'라는 마음입니다. 자식에게 의존하려는 마음 자체가 벌써 부모 역할이 바뀐 것입니다. 부모가 자식에게 의존하는 것이 아니라 자식이 부모를 의존해야 합니다. 부모는 그저 자기가 자라면서 못 받은 마음을 자식에게 얻으려는 겁니다.

너무 냉정한가요? 옳고 그름을 따지기 전에 이런 마음이 드는 이유들을 생각해 보세요. 그래야만 세월과 함께 성숙해질 수 있을 테니까요.

｜ '좋은 부모'라는 말에 목매지 마라 ｜

부모는 자녀가 있기 때문에 가능한 명칭입니다. 그러다 보니 자녀가 자라면서 성취한 결과물을 부모의 것으로 생각하는 경향이 있습니다. 키워준 대가, 보상처럼 말이지요. 그중 하나가 바로 자녀에게 '좋은 부모'라는 평가를 듣는 것입니다.

대개 아빠들은 '존경스럽다'는 말을 듣고 싶어 합니다. 자식에게 받는 최고의 훈장으로 여기지요. 엄마들은 '우리 엄마가 내 뒷바라지를 잘해줬다'는 소리를 듣고 싶어 합니다. 여기에도 '내 욕구가 드러납니다.' 인정받고 싶은 욕구 말입니다. 그러다 보면 아이에게 부모를 부각시키는 행동을 하게 됩니다. 이것은 자존감이 매우 낮은 행동입니다. '자존감이 높은 사람'은 다른 사람의 평가를 기대하지 않습니다. 부모의 자존감이 높으면 아이가 행복하게 사는 모습 자체가 그저 기쁘고 웃음이겠지요.

신호가 맞지 않는
중년 부부

부모는 자식에게 매여 있는 심리도 있지만 정반대의 심리, 즉 벗어나려는 심리도 있습니다. 아이들이 커서 각자 일로 바빠지면 부모는 점점 여유가 생깁니다. 성훈이네 부모님 이야기를 한 번 들어볼까요?

성훈이네는 다섯 식구입니다. 막내까지 대학에 가고 나니 성훈 엄마는 드디어 만세를 불렀습니다. '이제는 내 시간을 가질 수 있겠구나' 싶어서요. 어머니는 그동안 자주 못 봤던 동창들에게 연락했습니다. 성훈 엄마는 '자유로운 시간'에 목말라 있었습니다. 동창들과 만나 추억들을 더듬으면서 수다를 떨었습니다. 그런데 이 환상적인 시간은 한 달밖에 가질 못했습니다. 성훈 아빠가 브레이크를 걸었기 때문입니다. '누굴 만나냐, 왜 만나냐,

남자 동창들도 나오냐' 따위를 질문하고, 심지어는 동창 모임에 따라가고 싶어 했습니다. 성훈 엄마는 황당했지요. 게다가 동창회를 다녀온 뒤 성공한 남자 동창 이야기를 했다고 부부싸움까지 했습니다.

부부싸움을 하고 꽤 오랫동안 성훈 아빠는 마음을 풀지 못했습니다. 아예 말을 하지 않는 것입니다. 성훈 엄마는 남편이 이렇게 속이 좁고 잘 토라지는지 처음 알았습니다. 아니 전에도 있었지만, 그때는 성훈 엄마가 잘 다독여서 풀었지요. 이번에는 성훈 엄마도 마음이 상해 입을 닫았더니 이 상태가 1주일 이상을 가는 겁니다. 이대로 두면 한 달은 갈 것 같습니다. 애도 아닌데, 왜 이렇게 잘 삐치는지 모르겠습니다. 아니, 사춘긴가?!

뒤늦게 성훈 아빠는 아이들에게 다가가려 하는데 아이들 반응도 시큰둥합니다. 부인과도 이야기하고 싶어 하는데 성훈 엄마는 집보다는 그냥 바깥으로 나가고 싶어 합니다. 아무것도 구애받지 않고 내 시간을 갖고 싶습니다. 그러면 성훈 아빠는 '여자가 어딜 자꾸 다니냐'고 타박합니다. 성훈 엄마가 보기엔 남편은 갈수록 고리타분 그 자체입니다. 저렇게 안 변하면 늙어서 어찌 같이 살까 싶습니다. 성훈 아빠는 더 자주 토라집니다. 아이들도, 마누라도 본척만척하는 것 같아 더 서운해 하지요.

이런 가족들이 의외로 많습니다. 어떻게 보면 지금은 추수 시기입니다. 지난 세월 동안 가족이 '뿌린'의 결과인 것입니다. 가족으로 한 울타리에서 살긴 했지만 다 뿔뿔이였던 겁니다. 그렇다고 방법이 없는 건 아닙니다. 다음 과업에 집중해 보십시오. 관계가 회복되는 걸 경험하게 될 것입니다.

벗어나려는 부인, 매어두려는 남편

TV에서 한 연예인이 오랫동안 행복하게 사는 이유를 이렇게 표현했습니다. '남편은 무조건 여자 말을 들어야 해', '무조건 먼저 고맙다고 해', '이기려 하면 지는 거야.'

단순한 표현 같지만, 사실 진리가 숨어 있습니다. 누군가 부부의 평화를 위해 노력하면, 그 노력은 반드시 자신에게 되돌아온다는 진리 말입니다. 가족의 힘이 차곡차곡 쌓여왔다면, 문제를 해결해 온 경험을 토대로 불평불만보다 자신의 노력으로 문제를 해결합니다. 쉽지 않겠지만 이 시기에 해야 할 일은 바로 이런 노력이 아닐까요?

이 시기에 부모들 역시 자신의 욕구를 표현합니다. 엄마들은 아이를 돌봐야 한다는 것에서 조금씩 벗어나서 자유로이 하고 싶은 활동을 합니다. 조금씩 여성 호르몬이 줄어들면서 남성적인 성향처럼 되어 가지요. 자유나 주도성의 욕구를 드러내고요.

아버지들은 사춘기와 비슷한 오춘기를 겪습니다. 남성 호르몬은 서서히 줄고 여성 호르몬의 영향력을 받게 됩니다. 가정에서 친밀감을 느끼려 하고, 감성적으로 되어갑니다. 좋은 말로 섬세해지는데 서운한 일이 있으면 잘 삐치고 속상해하는 일이 많아집니다. '아이들 어릴 때는 애 때문에 난 뒷전이더니, 이제는 애들도 다 크고 해방이라며 날 뒷전에 두네.'

애들이 다 커서 부모 역할이 줄면, 여성은 가정 일에서 해방되고자 하고, 남성은 가정에 들어와 친밀함을 느끼려 하니 서로 욕구가 엇나가는 것이지요. 이때 묵은 갈등이 드러나 싸움이 더 잦아집니다. 이런 싸움을 여성들이 쿨하게 넘겨 버리면 남성들이 속만 터집니다.

  부모 스스로 이러한 변화를 객관적으로 인식해야 합니다. 아버지들은 가족이 날 등한시하는 것 같다면 무조건 속상해할 것이 아니라 '내가 과거에 가족에게 어떤 존재로 살아왔는지'를 고민해 봐야 할 것입니다. 그리고 '내가 어떤 모습으로 변해야 할지, 가족은 어떤 아빠를 원하는지'를 고민해 보십시오. 이렇게 시각만 바꿔도 또 다른 행복이 기다릴 것입니다.

  엄마 역시 무조건 자유를 누릴 생각만 하지 말고, 내 자유를 남편에게 설명하고 설득해야 합니다. 대화 없이는 좋은 관계가 불가능하기 때문입니다. 자기 욕구에만 치중한다면 가족은 물론, 가족의 울타리를 인정하지 않는 셈입니다. 그러다 보면 정서적인 이혼 상태까지도 갑니다.

  남편에게 만족 못하는 많은 부인들이 연예인들에 열광합니다. 연예인에게서 활력을 얻고 인생의 의미를 찾는 것은 가족 개념에서 볼 때 상대방에 대한 슬픔입니다. 열광할 수도 있겠지요. 그러나 그러는 이유가 공허함 때문에 30대, 아니 20대 초반의 마음으로 돌아가려는 어린 마음일 수 있다는 것입니다. 물론 앞만 보고 달려 왔다면 가끔 일탈이 필요합니다. 가족의 힘이 뛰어난 집은 가족의 형태를 깨지 않는 한 각자의 욕구를 충분히 인정합니다. 열심히 살아온 배우자에 대한 배려도 해야 됩니다. 서로 구속하지 않으면서, 이해하고 소통하는 부부로서요.

아직도 아이라면,
창피한 줄 알아야 한다

　자녀는 독립 시기가 되었습니다. 부모에게 의존하려는 마음에서 벗어나 어떻게든 독립적인 사고와 생활을 해야 합니다. 그 행동에 책임이 따른다는 것도 알아야겠지요. 이렇게 하려면 부모가 손을 놔야 합니다. 지금이 손을 놓을 수 있는 마지막 단계입니다. 지금 놓지 않으면 서로 불행합니다. 부모는 이제 간섭, 기대, 챙기는 것을 되도록 하지 말아야 합니다. 아이가 어리게만 보이는 것도 부모가 성장하지 않았다는 증거입니다. 때론 아이의 고생도 허락하십시오. 좋아서 하는 일이라면 도전해 볼 가치가 있을 테니까요.
　대학교 교과목 등록이나 장학금 지급, 성적 등에 부모가 나서서 알아보고 조정하는 것. 이런 모습들은 무척이나 창피한 것입니다. 자녀는 스스로 선택해 책임을 져야 합니다. 입사시험도 마찬가지입니다. 로비에 입사지원자들과 부모들이 잔뜩 앉아서 대기하는 진풍경에 대해 회사 관계자들은 예전에는 상상도 못할 일이라고 입을 모읍니다. 당사자가 창피하게 생각해야 합니다. '내가 아직도 아이 취급을 받고 있구나'라고 말입니다.

한 회사에서 신입사원의 퇴사율이 너무 높아서 인사 관계자가 일일이 집으로 전화를 해 봤답니다. 이유를 물어보니, 부모가 회사를 못 다니게 했다는 것이 다반사였다고 합니다. 출퇴근이 너무 고되어 그만두게 한 부모, 월급이 적어서 그만두게 한 부모 등등. 본인의 의사는 '너무 힘들어서 못 다니겠다' 정도였습니다. 평생 아이를 끼고 살 수도 없는데 왜 스스로 하지 못하게 합니까? 자녀는 과감하게 혼자 내딛어야 합니다. 부모는 자녀가 혼자 내딛는 모습을 지켜봐주어야 합니다.

그뿐만 아니라 자녀는 서서히 경제적인 독립도 생각해야 합니다. 자녀의 아르바이트도 허락하십시오. '내 부모가 못 나서 내가 고생한다. 다른 애들은 편안하게 공부하는데' 같은 사고는 부모에게 독립하지 못한 마음입니다. 어릴 때는 부모에게 기대야 하지만 어른이 되어서도 의존하는 것은 못난 모습입니다. 이런 의미에서 자녀의 월급은 자녀 스스로 관리해야 합니다. 그래야 돈이 귀한 것도 알고 씀씀이를 어떻게 할지도 알 것입니다.

배려의 심리학

　배려란 무엇일까요? 사전적인 의미로 다른 사람에 대한 예의이자, 상대방에게 불편함이 없도록 자상하게 대해주는 것입니다. 이 시기에만 배려해야 할까요? 사실 가족의 탄생 때부터 관계에는 배려가 필요합니다. 그런데 이제야 배려를 다루는 이유는 성인 대 성인으로 배려를 봐야 하기 때문입니다

　배려는 누가 할 수 있을까요? 누구나 다 할 수 있습니다. 하지만 부모 자식 관계에서는 결국 부모가 먼저 해야 합니다. 배려는 보살핌의 또 다른 의미도 되기 때문입니다. 부모는 배려의 의무가 있습니다. 보살핌을 바라는 것이 아니라 '내가' 보살피는 것이 배려입니다. 부모는 자녀를 배려하며 키워야 합니다. 그렇게 자란 자녀가 어른이 되었다면 이제 부모가 배려할

필요는 없습니다. 어른 대 어른의 관계로 대해야 하거든요. 이젠 서로 배려해야 합니다.

그런데 우리는 자녀가 성인이더라도 부모가 자녀를 배려해야 한다고 여깁니다. 인간의 도리를 운운하면서 말입니다. 만약 부모가 자녀에게 배려를 원한다면 어떨까요? 그럴 수도 있겠지요. 하지만 이 책의 요지와는 맞지 않는 생각입니다. 이 책은 가족의 성장을 통해 부모 역시 성장했으면 합니다. 자녀가 어른이 되었다고 '이제 난 나이가 들었으니 보살핌을 받아야 해'란 생각은 성장이 아니라 생각의 노화입니다.

건강한 부모는 '왜 날 위로해 주지 않지?', '내가 아픈데 왜 보살피지 않지?', '왜 전화를 자주 안 하지?'와 같은 생각으로 자식이 배려해 주길 기다리지 않습니다. 건강한 자녀 역시 '왜 우리 엄마는 김치를 안 담가 주지?', '왜 우리 애를 안 돌봐주는 거야', '난 왜 유산을 적게 주는 거야' 같은 배려를 기대하지 않습니다. 날 배려하지 않았다고 상대를 비난할 수는 없는 것입니다. 당사자는 비난할 위치에 있지 않습니다. 배려는 배려하는 사람 마음이기 때문이지요. 남이 배려해 주길 기다리다 보면, 괜히 실망하게 됩니다. 실망할 일도 아닌데 말이지요. 상대방에게 배려를 기다리지 않는 것이 건강한 마음이며 관계입니다.

건강한 관계에서 배려는 '내가 남을 배려하는 것'입니다. 다른 사람의 배려를 당연하다는 식으로 요구하지 않습니다. '좀 배려해 달라'는 말은 상대방에게 배려하고픈 마음을 사라지게 만드는 요술입니다. 즉 배려라는 이름으로 '상대방을 구속하는 관계'는 아름답지 못합니다. 가족이라고 서로 핏줄이라는 명목으로 구속하지 말고 인격적인 관계에서 배려하도록 바꾸어야 합니다.

부모는 나이가 들어도 부모 위치에 멋있게 있었으면 합니다. 그러려면 생각의 정리가 필요합니다. 그중 하나가 '부모는 자녀를 배려하는 사람이었다'는 생각입니다. 성인이 된 자녀를 보살펴주라는 의미가 아닙니다. 마음가짐이 그래야 한다는 것입니다. 자녀에게 의존하지 않으면 배려를 원하는 마음이 없어집니다. 이런 이야기를 들으면 부모는 서운할지도 모릅니다. 이 서운한 마음 역시 내가 뭔가 의지할 곳을 쭉~ 찾았다는 의미지요.

부부 간에도 서로 배려해야 합니다. '한쪽이 배려해 주고, 다른 한쪽은 배려를 받는 관계'는 적절하지 못합니다. 한쪽만 배려하는 것은 배우자가 아닌, 부모의 마음입니다. 상대가 배우자임에도 불구하고 자식의 자리에 있다는 것입니다.

이러한 과업을 잘 해내면 어떤 내, 외풍이 불어도 충분히 대처해낼 수 있습니다. 더 나아가 가족의 결속력도 더 강해지지요. 결속력이 강하다는 것이 '밀착된 관계'를 의미하지는 않습니다. 각자 독립성이 보장된 상태에서 서로 구속하지 않고 자유롭지만, 어려운 일이 생길 때 기꺼이 동참할 수 있는 관계를 의미합니다. 마지막으로 '우위에 있는 사람'이 배려할 때 상대방의 상황감정, 형편, 원하는 마음 등등을 고려하지 않고 내 마음대로 배려하는 것은 배려가 아니라 횡포일 수도 있음을 기억하십시오.

PART 08

나의 가장 큰 힘!
걱정 없고 웃음이 끊이지 않는
우리 가족

새 가족과 황혼의 시절
– 지금도 내 옆에 선 사람이 애틋한가, 무덤덤한가

진정 성숙한 가족으로
가는 단계

이제 자녀들이 각자의 삶으로 떠나갔습니다. 자녀의 새로운 가족들과 어떻게 관계를 맺고, 부부나 홀로 남은 부모는 어떻게 살아가야 할까요? 막연하게 나이 들었다는 이유로 스스로 노년의 시기를 동정과 연민으로만 대하고, 자녀들이나 주변 사람들도 그렇게 대해주길 바란다면 이 시기는 상처만 받을 수 있습니다. 모쪼록 자신에게도 다른 사람에게도 이 시기가 좋은 마무리가 되어야 합니다. 사실 우리 마음은 그렇지만 생각만큼 잘 되지 않습니다. 하지만 자신을 나약한 존재로 몰고 가면 배우자나 자녀에게 기대만 커집니다. 다음과 같은 스트레스에 쉽게 무너질 수도 있습니다.

나이

세월이 흐르면 다들 나이를 먹습니다. 이것을 잘 받아들이는 사람도 있지만, 나이 드는 걸 거부하고픈 사람도 많이 있지요. 이런 사람들에게 나이 든다는 건 엄청난 스트레스일 겁니다. 그러다 보니 이것을 극복하려는 노력도 많이 합니다. 사실 이런 노력들은 내면이 채워지지 않았다면 아무리 해도 만족되지 않습니다. 의술의 힘을 빌리거나 운동도 하는데, 목적에 따라 그게 스트레스가 됩니다. 죽을 때까지 건강하기 위한 것인지, 젊음을 멈추고 싶어서인지에 따라 말이지요.

배우자 돌봄

배우자의 건강에 이상이 생겨서 돌봐주어야 한다면 그전까지 부부 관계가 얼마나 견고했는지에 따라 반응이 달라집니다. 배우자를 돌보는 일을 내 일처럼 받아들일 수도 있고, '스트레스'로 받아들일 수도 있습니다. 평생 남편의 냉대를 받으며 살아왔던 할머니가 남편이 앓아눕자 황혼이혼을 요구하는 일이 실제로도 많이 있습니다. 너무 억울해서 말입니다.

건강의 문제가 아니라도 남자들은 나이가 들면서 점점 자기를 챙겨주기를 원합니다. 여태 양육이며 집안일에 얽매었던 여자들은 이제야 자유인데 말이지요. 해서 남편 스트레스도 많이 받습니다. 부부 관계가 좋지 않을 경우 집을 나가는 일이 더 생기지요. 자연히 부부 싸움도 늘고요.

배우자의 죽음

배우자의 죽음은 남은 배우자에게 큰 슬픔과 스트레스가 됩니다. 아이러니하게도 부부 사이가 나쁠 때는 별 스트레스가 되지 않습니다. 배우자의 죽음에 '속이 시원하다'고까지 표현합니다. 오히려 이 경우는 가족의 힘이 낮은 집이 스트레스를 덜 받습니다.

배우자와 관계가 좋을 때는 상대의 죽음은 큰 스트레스가 됩니다. 물론 여기서 관계가 좋다는 것의 의미를 알아야 합니다. 정말 관계가 좋으면 점점 성숙을 향해가므로 배우자의 죽음이 슬프지만 남은 삶을 힘들게 살지는 않습니다. 즉 자연스럽게 떠나보낼 수 있다는 것입니다. 그러나 한쪽 배우자에게 의존하고 살아왔다면, 보기에는 '좋은 관계처럼 보일 수 있지만' 사실 좋은 관계는 아닙니다. 부부 한쪽이 부모 노릇을 하고 있었기 때문에 배우자를 잃은 상실감이 부모를 상실한 충격으로 올 것입니다.

새로운 가족과의 만남

자녀들이 결혼하면서 며느리나 사위가 생깁니다. 좋은 관계도 될 수 있지만, 서로 자라온 집안환경이 다르기 때문에 사소한 일에도 서운할 수 있습니다. 잘해준다고 하는 행동이 상대에게는 아닐 수도 있어서 오해도 생기고 억울한 기분도 들 것입니다. 며느리나 사위는 독립된 가정을 꾸리려 하는데, 부모는 마치 자식이 하나 더 생긴 것처럼 받아들이면 갈등이 시작되겠지요.

출가와 남겨짐

자녀들이 결혼하면서 함께 살고 싶은 부모도 있고, 반면 분가시켜서 자유롭게 살길 원하는 부모도 있습니다. 부모의 바람과는 달리 자녀는 분가를 원하거나, 혹은 반대로 '애를 맡기기 위해' 부모에게 기댑니다. 서로 기대가 다르다면, 얼마나 불편하고 서운할까요? 아직 자녀와 분리할 준비가 안 된 사람은 '서운함'이 극에 달할 것이고, 독립을 원한 부모는 '부담스러움'이 극에 달할 겁니다.

사실 부모는 기대도, 개입도 말고 자녀를 어른으로 대해야 합니다. 자신에게 기대길 바라는 자녀에게도 'NO'를 해야 합니다. 물론 쉽지 않지요. 자녀들이 부모 역할을 어색해한다면 이런 NO를 서운하게 받아들일 것입니다. 아직 덜 자랐다는 반증이지요.

정말 나이가 들면
어린아이가 될까?

　　애들이 장성하여 떠나면 갑자기 집이 너무 크게 느껴집니다. 우리 부부 사이 역시 있어도 그만, 없어도 그만인 익숙한 느낌입니다.

　　남자는 퇴직하고 집에 주로 있습니다. 시간이 많습니다. 가만히 앉아서 집을 바라보니 거슬리는 것이 한두 군데가 아니네요. 삼시세끼 먹는 것도 일이고……. 아내가 은근히 부담스러워하는 것을 느낍니다. 아내는 자꾸 바깥에 나가서 친구들을 만나는 일이 잦습니다. 할 일도 없고, 그냥 신문이나 TV를 보면서 소일합니다. 돈이라도 많으면 노년을 잘 보낼 수 있을 것 같은데 평생 일해 번 돈은 자식들 뒷바라지 하느라 다 썼습니다. 자식들이 고마워나 할지. 내심 자식들이 한적한 시골에서 전원생활을 하도록 보내줬으면 하는 바람이 듭니다. 그런데 평생 가족을 위해 일한 나를 자식들이 돌아보질 않네요. 아내도 날 귀찮아하는 것 같고, 자식들도 나보다 엄마를 더 위합니다. 서럽습니다. 우울해지네요.

여자는 자식들을 키우고 나서 이제야 자유를 얻었습니다. 그런데 남편이 발목을 잡네요. 퇴직하고 집에 있는데, 애들보다 할 줄 아는 게 더 없습니다. 애처럼 일일이 다 챙겨줘야 하네요. 아니 왕처럼 떠받들어주길 바랍니다. 여태 자식들 뒷바라지에 힘들었는데 이제 남편 뒷바라지를 해야 되니 속이 터집니다. 왜 바깥에 나가지도 않고, 집에서 잔소리나 해대는지 모르겠네요. 애기처럼 '아프다, 배고프다, 힘들다, 왜 일찍 안 들어오냐?' 하소연하는 남편이 부담스럽습니다. 자식들에게 남편 불만을 쏟아 붓습니다. 자식들은 그래도 내 편이지요. 틈만 나면 결혼한 아들, 딸에게 '너희 아버지는 나이가 들어도 변하는 게 없냐'며 전화통을 붙들고 하소연합니다.

갈수록 자식이 귀하게 보입니다. 든든합니다. 며느리도 있고 손자도 있고. 그런데 난 이렇게나 자식들에게 마음을 주는데 자식들의 반응은 영 나와 다르네요. 바쁘다고 전화도 잘 안 하고, 나에게 말도 없이 자기 식구끼리 여행도 다녀왔네요. 무척 서운합니다. 사는 맛도 나지 않고. 전화를 할까 망설이다 손자 사진이나 보며 연락이 오길 기다립니다. 여태 내가 준 사랑의 결과가 이런 건가 싶네요. 내 자식의 성공을 위해 열심히 노력했는데 덕은 며느리사위가 보네요. 억울합니다.

많은 사람들이 나이가 들면 어린아이가 된다고 합니다. 정말 어린아이로 되돌아가는 걸까요? 점점 성숙해지는 건 도를 닦은 소수의 사람들만 해당되는 얘긴가요? 어린아이들의 특징은 '나 챙겨줘', '내가 하고 싶은 대로 해 줘'라며 떼쓰는 겁니다. 즉, 나이가 들수록 의존적이고, 고집스럽고, 자기중심적으로 된다는 겁니다.

가족의 달 5월이 되면, 노인들을 다 나약한 모습들로 표현합니다. 가족들이 없어서 외롭고, 슬픈 노인들로 말입니다. 그냥 나이가 들면 '원래 다 그런 거야' 식입니다. 하지만 모든 노인들이 이렇다고 단정하기는 힘들다고 봅니다. 왜냐고요? 성숙하다는 것, 잘 늙는 것, 죽음을 잘 맞이하는 것에 대한 우리 내면의 기대가 분명히 있기 때문이지요. 단지 생각과 기대만 있고 준비하지 못하기 때문에때론 자신에 대해 알지 못하기 때문에 어린아이처럼 늙어버리는 것입니다.

최근 TV에서 어떻게 하면 잘 늙고 멋있는 노년을 보낼지에 대한 프로그램이 종종 나옵니다. 이런 프로그램을 보면서 '나도 저렇게 늙었으면 좋겠다'는 생각을 할 것입니다. 잘 늙어가는 사람들의 공통점이 육체적인 기운은 약해지지만 마음만은 절대 어린아이가 되지 않는 것이지요.

신혼 때부터 가족 내에서 역할과 관계를 잘해낸 사람들은 몸은 늙을지언정 마음은 성숙을 향해갑니다. '성숙해지는 것은' 그냥 얻어지는 것은 아닙니다. 성숙하려면 자신이 살아온 삶에 대한 회고가 꼭 필요합니다. 가족들, 특히 배우자나 자녀의 불평을 '겸손히 귀담아' 듣는 태도도 필요하고요.

새 가족과
성공적인 관계 맺기

　예전에는 아들이 결혼하면 식구가 는다고 여겼습니다. 그리고 딸은 남의 식구로 떠나보냈습니다. 하지만 요즘은 가족의 형태도 조금씩 변하고, 심지어 '신 모계사회'라는 말까지도 생겨났습니다. 즉 딸을 떠나보내는 것도 아니고, 오히려 딸의 식구로 늘어난다는 것이지요. 맞벌이가 늘어 조부모에게 육아를 맡기기 위해 친가쪽이 근처로 이사하거나 아예 들어가 살기도 합니다. 그러다 보니 고부갈등 문제도 여전하지만, 장모-사위 간의 갈등도 많아졌습니다. 부모가 시집살이를 하기도 합니다.
　이렇듯 가족의 형태들은 변화하지만 심리적 기저에 깔린 흐름은 바뀌지 않는 듯합니다. 아니 오히려 더 미숙하게 퇴행하는 느낌이 듭니다. 다시 말해, 점점 성장해 어른이 되기보다는 아예 독립하지 못하는 기형적인 '어른이[어린이+어른]가 많아졌다는 이야기입니다.

고생해서 키운 내 자녀의 능력 혹은 사회생활에 해가 될까 봐 조부모들은 또 양육을 맡아줍니다. 그 결과 조부모 우울증도 많아졌습니다. '이제 좀 쉴 만한 시기'가 왔는데 다시 양육을 되풀이해야 되니 말입니다. 어떤 조부모들은 적극적으로 양육을 도맡습니다. 손자를 돌보는 기쁨 때문에 말입니다. 사실은 이러한 태도에는 자녀를 떠나보내지 못해 자녀와 연결될 기회란 생각이 자리합니다. 자녀를 향한 '친밀감'의 욕구와, 또 '아이를 잘 키운다'고 인정받고 싶은 욕구의 표현입니다. 양육을 맡아주는 게 문제인 건 아닙니다. 다만 자칫 잘못하면, 이러한 행동 때문에 성인이 된 자녀들이 '영원히 자녀로' 남아버릴 수도 있습니다. 그렇게 되면 이름만 부모지 그 역할은 조부모가 하게 되어 정서적 관계가 애매모호해집니다. 만약 손자가 어릴 때 조부모가 길러주고, 좀 커서 부모에게 아이를 넘겨준다면, 부모는 그 역할이 익숙하지 않을 겁니다. 물론 아이도 엄마 아빠와의 관계가 익숙지 않습니다. 그 시기가 대체로 아이가 유치원이나 학교를 갈 때라서 부모가 '학습을 위한 관계'로 전락할 가능성도 크고요.

사회가 변하면서 조부모에게 양육을 맡길 수는 있습니다. 하지만 조부모가 부모가 되어서는 안 됩니다. 부모 역시 자신들이 주 양육자임을 인식하고 조부모에게는 도움 정도만 받아야 할 것입니다.

친밀감을 가장한 의존 관계

조부모는 아이를 키울 때 많은 도움을 줍니다. 결혼 비용이나 생활비 등도 도와주는 조부모들도 있습니다. 그러다 보니 부모는 아직도 독립하지 못하고, 자녀로 머물러 있게 됩니다. 경제적인 도움을 준다는 것은 지속적으로 간섭할 권한이 있다는 얘기도 되니까요. 많은 부모들이 이런 도움을 '너무나 당연하게 여기고, 적으면' 속상해합니다. 그러면서 다른 부모를 '든든한 조부모가 있어서 좋겠다'며 부러워하지요. 사실 독립 못한 부모의 모습은 부끄러워해야 하는 것인데 말이지요. 경제적인 여유가 있는 집일수록 결혼한 자녀를 지속적으로 통제하려 합니다. 한편으로는 '조부모를 잘 대접하고 돌봐 달라'는 요구를 틈틈이 합니다.

한편 경제적인 여유가 없는 부모들은 자녀들에게 의존하려 합니다. 아주 당연하다는 듯 말입니다. 이것을 효도 같은 개념의 '사랑이 넘치는 가정'으로 포장합니다. 이런 관계에서 대부분 부모들은 좋아하지만 많은 자녀들이 '지나친 부담과 의무감'으로 허덕이게 됩니다. 이러기 위해서 자녀를 키운 것은 아니지 않습니까? 자녀들이 멀어지지 않길 바란다면 부모 자리에 제대로 서길 바랍니다. '당연하다는 생각만이라도' 멈추어 보십시오. 그리고 경제력을 스스로 해결하기 위해 노력해 보십시오. 그것이 자신에게도, 자녀에게도 도움이 될 것입니다.

효도를 '기대'하지 마라

여기서 효도에 대한 발칙한 발상을 해 볼까 합니다. 많은 사람들이 효에 대한 긍정적인 면을 부각합니다. 물론 긍정적인 부분이 많습니다. 하지만 효도란 말 이면에 어떤 심리가 있는지 살필 필요가 있습니다.

많은 부모가 자녀들이 중학생 이상만 되어도 '든든하다는 생각이 들고, 나중에 효자가 되길' 바랍니다. 그러다 아이가 기대와 다르게 행동하면 '저 애가 과연 효도할까?' 싶어서 쓸쓸한 노년이 그려지게 되지요. 사실 효도를 기대하는 데는 자녀들이 자신을 잘 보살펴주고, 인정해 주길 바라는 마음이 담겨 있는 것이죠. 좀 더 냉정하게 표현하면 부모가 어린아이가 되고 자식이 부모 노릇을 하길 바라는 것입니다. 효도를 하지 말라는 이야기냐구요? 아닙니다. 효도를 기대하는 마음이 무엇인지 보자는 것입니다. 이것을 짚어봐야 하는 이유는 자녀가 '부모를 덜 신경 써준다'는 느낌이 들 때 부모가 무척 서운해 하고 때론 괘씸한 마음이 들기 때문입니다. 이것은 성숙한 마음이 아닙니다. 자녀들이 성인이 되었다면 내 마음도 성인처럼 성숙해야 합니다.

부모가 효도를 바라면 자녀들은 부담으로 받아들입니다. 부모는 자녀들에게 '주는 사람'이지 받는 사람이 아닙니다. 그렇기 때문에 효도를 '해 달라'는 요구 자체가 어불성설입니다. 자녀들은 부모를 존중하는 의미그전에 쌓은 관계만큼에서 배려하는 것입니다. 부모가 자녀에게 효도를 받으려 할수록 자녀들은 효도하고 싶은 마음이 달아납니다. 자녀가 신경을 써도 부모 마음에 흡족할 수 없기 때문입니다. 기대가 없어야 항상 감사할 수 있고, 그 감사로 자녀들은 의무가 아닌 마음으로 부모를 대할 수 있기 때문입니다. 게다가 자녀들은 이제 자신의 가정에 에너지를 써야 합니다.

부모가 자녀를 떠나보내지 못하면, 자녀는 '자신의 자녀들에게' 부모 역할을 제대로 할 수 없습니다. 손자 손녀가 보고 싶어서 매주 와달라고 요구하면 자녀들은 쉬지도 못하고 어떤 집은 맞벌이인데도 조부모 집을 오가는 생활이 주가 될 것입니다. 그러느라 아이가 병치레까지 하는 집도 봤습니다. 이러한 상황이 반복되면 손자들의 정서에 문제가 생길 수도 있습니다. 물론 부부 갈등도 생길 테고요.

이런 상황에서도 자녀에게 효도를 바라시나요? 효도를 '원하는 것'은 정말 '이기적인 모습'입니다. 그 마음이야 충분히 이해하지만 내 이기적인 마음과 자녀 가족의 조화를 꼭 생각해봐야 할 것입니다.

며느리는
딸이 아니다

　자녀가 결혼하면서 많은 가족들이 며느리는 기존 가족에 들어오는 '새로운 구성원'으로 봅니다. 그러다 보니 며느리를 향한 여러 시선들이 있습니다. 시어머니는 질투와 경쟁의 대상으로 이해하고, 시아버지는 '날 잘 보살펴줄 또 하나의 엄마'의 출현으로 봅니다. 시누이들은 '의무'에 대한 감시자 역할을 합니다. 이러한 모든 것들이 바로 '떠나보냄'이 되지 않은 결과들입니다.
　또 하나의 증거는 아들이 하지 않았던 것들도 며느리는 해야 한다는 인식입니다. 어떤 집은 부모와 자녀 사이가 썩 친밀하지 않았습니다. 그런데 며느리가 들어오면서 둘의 중개 역할과 기쁨조 역할을 바랍니다. 그렇게 하지 않으면 야단을 칩니다. 아들 역시 부인은 다정하길 바라며 부인에게 자신의 의무를 미룹니다. 심지어는 시부모 사이가 나빠서 시어머니가 시아버지의 뒷바라지를 하지 않던 가족도 며느리에게는 시아버지를 잘 모시길 요구하는 경우도 있습니다. 도대체 왜 이러는 걸까요? 시아버지의 부인은 시어머니인데 말입니다. 왜 며느리에게 그런 역할을 맡길까요?

말 없는 아들 대신 며느리는 시부모에게 수다스럽고 친밀하기를 요구받습니다. 문제는 이러한 역할을 '며느리들이 의외로' 받아들인다는 것입니다. 신혼 초기에는 며느리로 그렇게 살다가 세월이 흐를수록 '부당하고 불합리하다'는 생각에 반발합니다. 그러나 그때가 되면 시댁 식구들은 '못된 며느리'라며 비난하지요. 심지어 시누이까지도 비난의 선두 역할을 합니다. 자신도 남의 집 며느리이면서 말입니다. 사실 이러한 불합리는 그것이 정말 며느리의 몫인가를 '아무 고민하지 않았기' 때문에 나타난 결과입니다.

며느리에게 이러한 요구가 집중되는 이유는 며느리가 여자라서입니다. 그래서 '엄마의 역할'을 요구 받습니다. 엄마는 집안의 여러 가지를 감당할 수 있는 슈퍼우먼입니다. 정말 그렇게들 생각하지요.

'집안에 여자가 잘 들어와야 집안이 흥한다'라는 말이 틀리지 않습니다. 그만큼 여자의 기여도가 크다는 것이지요. 그래도 의무가 '며느리, 여성'에게 집중되는 것은 문제가 있습니다. 이렇게 희생하는 며느리 노릇은 예전에는 통했을지 모르지만, 지금 세상에서는 여자들이 받아들이지 않지요. 세상이 나쁘게 변했다고 비난하지 마십시오. 당연히 인격적인 대우 없는 불합리함을 고민해 봐야 합니다. 어떻게 보면 며느리들의 작은 반란은 '강요된 의무'의 폐해입니다.

당신, 정말 멋지게 늙고 있다!

　이제 부부가 지나온 인생의 뒤안길을 같이 봅니다. 아이들을 키우면서 기쁜 일도 속상한 일도 많았고, 때론 위험한 순간들도 있었지요. 이제 아이들이 장성하여서 내 품을 떠난다는 사실이 서운하면서도 부모로서 할 일을 다 한 것 같아 뿌듯합니다. 이제 이 아이들이 어떻게 살아가는지만 보면서 살면 되겠다 싶네요. 조금 걱정되는 자식고생하는이 있긴 하지만 여태 신경 써서 키웠으니 잘들 알아서 하리라 생각합니다. 이제 우리의 인생을 어떻게 살까를 고민해 보기로 했습니다. 하고 싶은 일과 같이 하려는 것 등에 대해 배우자와 이야기합니다. 물론 그전에도 종종 이런 이야기는 했었지요. 이제는 본격적으로 고민해 볼 때네요.
　우리 중에 누군가가 아프면 간호나 뒷바라지는 서로 하기로 했습니다.

우리는 부부니까요. 자녀들에게 짐이 되지 않았으면 합니다. 아이들의 일정에 우리 부부를 끼워주길 바라지도 않지요. 뭔가 해 주길 바랄수록 더 서운할 테니까요. 며느리나 사위가 내 자식들에게 어떻게 대하는지도 더 이상 걱정하지 않을 겁니다. 자기가 한 만큼 대접 받겠지요.

아주 긴 시간은 아니지만, 노년을 즐겁게 보낼 수 있을 것 같습니다. 내가 하고 싶은 일, 남에게 도움 되는 일들을 구상하는 것 자체가 즐겁습니다.

이런 고백, 정말 멋있지 않습니까? 몇 명에게만 주어진 특전으로 여겨집니까? 아닙니다. 인생의 매 단계를 열심히 살다 보면, 누구나 다 생기는 기회입니다. 돈이 있어야만 이것이 가능하다고요? 이런 마음은 결코 돈으로도 살 수 없습니다. 나이가 들었는데도, 일을 계속해야 한다니 속상한 기분이 듭니까? '자식들이 있으면 뭐 하냐. 다 쓸데없다'면서 말입니다. 하지만 내 손으로 벌어서 생활할 수 있는 건강과 힘이 있다는 것에 감사할 줄 안다면 노년은 행복할 것입니다. 제대로 나이 들어갈 수 있는 방법을 한 번 생각해 봅시다.

기대를 버리고 가벼워지다

잘 늙으려면 난 부모라는 것을 잊으면 안 됩니다. 부모로서 성숙함을 가져야 합니다. 그러려면 '자식의 자리'에 내려가지 말아야 합니다. 즉 '자식들이 자기를 챙겨주고, 인정해주었으면' 하는 기대를 버려야 합니다. 바깥에 나가서 '자식 자랑'하고 싶다는 것도 '초등학생' 같은 마음입니다. 정말 부모의 마음이라면 자식을 보면서 '내 할 일을 다했다'는 기쁜 마음이 듭니다. 자랑하는 부모 중 상당수가 '부모 노릇을 했다기보다 자녀가 알아서 잘 큰' 경우입니다. 이런 사람들이 오히려 더 자랑을 합니다. 또 내가 여태 돈 들여 키워줬으니 이제 갚으라는 식으로 요구합니다. 부모로서 당연한 것을 했는데 왜 자녀에게 요구할까요? 그것은 양육을 안 해도 되는 일처럼 자신의 일이 아닌 양 생각했기 때문입니다. 때론 피치 못할 상황 때문에 부모 노릇을 못했을 수도 있습니다. 이러한 상황을 전혀 인식 못하는 부모도 있고, 어떤 부모는 잘 인식해서 '아이에게 미안해하고 고마워'합니다. 어떤 부모가 좋은 부모일까요?

이런 부모의 태도로 오히려 아들이나 며느리는 효도하고픈 생각이 없어진다는 걸 알아야 합니다. 효도를 하지 않는 것은 시대가 이상해져서가 아닙니다. 부모가 존경받을 위치에 있지 못하고, 지나치게 받는 것에 급급하기 때문입니다. 기대하면 자녀들이 부담스러워한다는 걸 기억하십시오. 또한 기대할 위치에 있지도 않다는 것도요. 부모는 자녀들이 '자기 자리에서 행복하게 살아가는 것'을 먼발치에서 지켜보고 박수쳐 주어야 합니다. 그것이 성숙입니다.

부부, 서로를 챙기다

부부는 이 세상 끝까지 배우자에 대한 의무를 다해야 합니다. 그 의무는 본인들이 져야 합니다. 결혼기념일, 생일 등을 자녀들이 챙겨주길 바라지 마세요. 이 날들은 부부에게 의미 있는 날이니까요.

배우자가 아플 때도 부부가 간호하고 챙겨야지 그걸 자녀에게, 특히 며느리에게 미뤄서는 안 됩니다. 물론 도움이 필요한 상황이라면 고려해야겠지만, 마음자세는 그렇게 해야 합니다. 부인이 몸이 좋지 않다면 남편이 책임을 지고 돌봐야 합니다. '너네 엄마 아프니까 와서 돌봐라' 식의 태도는 아니라는 거지요. 특히나 많은 남편들이 자녀들이 결혼하고 나면 '심각한 아이'가 되어버립니다. 자신을 돌아보는 것조차 며느리에게 맡기는 일도 많고요. 부부가 돈독하고 함께 자녀를 양육해왔다면 부인이 아플 때 남편 역시 모성애를 발휘할 수 있습니다. 자녀의 도움은 그 다음입니다. 우리 세대에는 배우자끼리 서로 챙기고 돌보는 모습이 필요합니다.

이렇게 부모 자리에 당당하게 서야 자녀들의 부모를 향한 마음이 '기꺼이' 변할 것입니다.

부부 각자의 영역을 만들다

부부는 '서로의 부모'가 되어주어야 합니다. 그 역할이 한쪽에 치우쳐서는 안 됩니다. 한쪽에 그 역할이 기운다는 건 '내면에 있는 아이가 엄마 아빠를 애타게 부른다'는 뜻입니다. 스스로를 돌아보십시오. 그러면서 자신의 영역을 만들어 놓으세요. 취미든 봉사활동이든 자신만의 활동을 만들어 놓아야 합니다. 나이가 들어서 서로 너무 얽매이면 배우자가 세상을 떠날 때 상실감이 큽니다. 이것이 '부부애가 좋아서'라고만 표현할 수 없습니다. 건강한 부부애는 공통의 공간과 각자의 공간이 공존해야만 가능합니다. 서로 구속하진 않지만 친밀한 관계 말입니다.

일하는 축복을 느끼다

자녀들에 대한 기대가 큰 부모는 늙어서 일하는 걸 수치 혹은 고생으로 생각합니다. 자녀들이 멀쩡히 있는데 '왜 일하냐'는 주변의 시선을 힘겨워합니다. 자신이 대접을 못 받는다고 여기는 것이지요. 누가 '날 챙겨줘야 내 존재감을 느낀다는 것'은 '자녀에게 부모 역할'을 기대한다는 의미입니다.

일한다는 것은 축복입니다. 건강하니까 일할 수 있는 겁니다. 이 축복을 즐기지 못하면, 자녀들을 출가시킨 뒤 내내 우울감에 시달릴 것입니다. 작은 돈이라도 버는 일을 하십시오. 그 돈으로 자신의 용돈을 쓰기도 하고, 어려운 이웃들을 돕는 데 써 보십시오. 사람의 존재감은 자신만을 위하기보다는 남을 위해 시간과 물질을 쓰는 것으로 '더 느낄 수 있습니다.'

늙은 나를 어디서 써 주냐고요? 가만히 앉아 있으면 당연히 보이지 않습니다. 찾아나서는 것도 나를 위한 행동입니다. 또한 '규칙적인 봉사 활동'을 하십시오. 몸과 마음의 건강을 위해 필요합니다.

질병이 찾아왔을 때 극복하는 방법

살다 보면 질병들이 우리를 찾아옵니다. 그런데 그 질병이 개인과 가족을 무너뜨릴 만큼 위력적일 때가 있습니다. 어떤 사람은 질병을 이겨내기도 하고, 어떤 사람은 쉽게 무너지기도 합니다. 명을 달리한다고 해서 질병에 진 것은 아닙니다. 이것은 질병을 맞이하는 태도와 관련되지 않았나 싶습니다. 가족의 힘이 비범하다면 질병을 대하는 태도가 다르지요. 가족의 도움으로 질병이 있음에도 자기 생을 긍정적인 태도로 받아들입니다.

의존적인 사람은 질병이 생기면 의존 욕구가 더 강해집니다. '이제 난 아픈 사람이기 때문에 다른 사람들이 날 챙겨줘야 한다'고 생각해 아이처럼 굽니다. 주변 사람들은 처음에는 걱정된 마음에 챙겨주다가 점점 부담을 느끼게 됩니다. 그렇게 되면 당연히 피하고 싶은 감정이 생깁니다.

주도적인 사람들은 두 가지 반응으로 나뉩니다. 주도성과 독립성이 적절하게 있는 사람은 질병을 어떻게 대할지를 고민하며 인생을 좀 더 진지하고 열심히 살려고 합니다. 혹 남은 생이 짧다 해도 인생을 의미 있게 정리하고, 주변인들에게 피해주지 않으려 합니다. '모리와 함께한 화요일'이라는 책을 읽어보시면 아주 좋은 예가 나옵니다. 이 태도는 오히려 주변 사람들의 인생관까지 바꾸어 놓습니다.

주도성의 욕구가 미숙해 내 마음대로 통제하려는 사람은 다른 사람의 말을 듣지 않습니다. 그 자체를 남이 통제하는 걸로 받아들이기 때문이지요. 질병에 대해 '아무것도 아니라는 식'으로 치료를 거부하거나 고집만 피웁니다. 예컨대 폐암 진단을 받았음에도 '담배'를 계속 피우면서 꼭 이유가 담배 때문이겠냐며 남의 말을 듣지 않습니다. 이런 환자를 둔 가족들은 같이 있는 것이 고역입니다. 이런 태도가 심해지면 주변 사람들은 질려서 떠날지도 모릅니다.

한 부부가 있습니다. 남편이 젊은 시절부터 폭력도 심하였고, 고집 세고 자기 마음대로 하고 살았습니다. 50대가 넘어서면서 중풍이 왔습니다. 그런데 약도 먹지 않고, 반찬이 없다면서 상을 뒤엎거나, 화를 자주 내어서 나중에는 부인이 아예 두 손 두 발을 다 들었습니다. 밥을 챙기거나 말을 걸거나 하는 모든 접근을 끊었습니다. 남편은 버림을 받은 셈이었습니다. 이러한 상태로 몇 년이 흐르자 주변 전문기관의 도움으로 환경을 바꾸는 작업을 시작했습니다. 그렇지만 남편의 사과 없이 부인 마음에 있는 응어리가 풀릴 수 있을까요?

이 사례처럼 부부 관계가 돈독하지 않은데 질병이 있을 때, 갈등은 더 증폭되며 배려는 실종됩니다. 배려의 실종은 인간관계에서 따뜻함이 없어진다는 의미입니다. 얼마나 슬픈 일입니까?
이런 상황까지 가지 않으려면 평소에 부부의 친밀감과 배려가 유지되어야 합니다. 수직적 관계가 되어 한쪽이 지배하면 질병이 생겼을 때 문제가 심각하게 드러납니다. 주변 사람들이 부담스러워한다면 그것은 남에게 배려하지 못하고 살았다는 뜻입니다. 부부 간의 배려는 '이해하고 수용하는 마음'입니다.

규칙적인 운동

규칙적인 운동이 필요할 때입니다. 운동은 젊을 때도 중요하지만, 나이가 들면 반드시 해야 하지요. 운동부족은 내면의 나약함을 불러옵니다. 요즘은 보건소나 노인대학 같은 곳에서 노인들을 위한 운동 프로그램이 많습니다. 이러한 곳을 찾아서 자신에게 활력을 주는 것이 매우 중요합니다.
혹 건강이 원하는 대로 되지 않을 수 있습니다. 그렇다고 마음까지 건강하지 말라는 법은 없습니다. 물론 몸의 건강이 마음 건강까지 영향을 미칩니다만 거꾸로 마음의 건강이 몸의 건강도 좌우할 수 있습니다. 성숙해진다면 말입니다. 사실 젊을 적에도 몸이 건강하지 않다면 '마음도 건강하지' 않습니다. 그러니 '스스로를 돌아보는 작업'이 필요합니다.

종교 생활

많은 사람들이 이렇게 말합니다. '자식에게 바라지 말라고 하는데, 내 부모는 이미 돌아가셨고 그럼 난 어디서 채우라는 건가?' 사실 아무리 주변 사람들이 잘해줘도 '내가 원하는 부모 노릇'은 불가능합니다. 그런 기대는 주변 사람을 더 불편하게만 만들지요. 자식들도 마찬가지입니다. 이 시기, 자녀를 독립시킨 후를 성숙한 마음으로 받아들이는 데 종교가 일정 도움이 됩니다. 종교는 아래를 내려다보게 하는 것이 아니라 '위를 쳐다보게' 합니다. 위를 쳐다본다면 자식들에 대한 기대도 비울 수 있을 것입니다. 단, 종교를 기복신앙으로 받아들인다면 채울 수 없겠지만요.

탁월한 성숙과
가족애를 위하여!

　나이가 든다고 어린아이가 되는 것은 아닙니다. 어린아이가 되어간다면 분명 젊었을 적에도 그 소인들이 있었을 겁니다. 그때는 왜 보이지 않았냐구요? 틈틈이 보였지요. 인간관계에서 말입니다. 젊었을 적과 늙었을 적의 차이는 '자기 포장 능력'의 차이입니다. 젊을 때는 포장을 잘할 수 있었습니다. 뭔가 어긋나는 것도 이상한 합리화로 숨길 수 있었습니다. 그러나 나이가 들면서 포장 능력이 느슨해집니다. 그 결과, 나이가 들어서 어린아이가 된 것처럼 보일 뿐입니다.
　젊었을 때부터 자기 욕구를 잘 파악해왔다면 세월의 흐름만큼 성숙해질 수 있습니다. 늙는다는 것을 연륜이라고 말합니다. 즉, '연수의 거듭됨'이 쌓인 것입니다. 그런데 연수가 거듭되는 동안 '날 챙겨주고 인정해

주기'만을 원했다면 지나친 의존과 교만, 옹고집이 남을 것입니다.

'나이 듦 = 어린아이' 이런 등식으로 이해하지 않았으면 합니다. 사소한 일에 서운하고 외롭다구요? 그 외로움은 젊었을 때도 충분히 느꼈던 것입니다. 나이 든 사람들의 전유물이 아니지요. 자꾸 '날 챙겨주길' 바라면 더 외롭고 힘듭니다. 인정받고 싶은 사람은 나이가 들수록 자신을 인정해 주었으면 해서 상황도 보지 않고 여기저기 끼어듭니다. 아무데서나 훈계하려 하고, 지적하면서 말입니다.

나는 '연수가 거듭'되면서 어떤 것들이 쌓여 왔을까요? 결혼하고 가족의 힘이 조금씩 쌓이고 아이를 양육하면서 더 강해졌습니다. 점점 무엇이 쌓였는지 뚜렷하게 보입니다. 세월의 흐름을 잘 받아들이고, 인생을 점점 성숙된 관점으로 보게 될 것입니다.

나오는 말

모두가 부러워하는
비범한 가족이 되는 건 어렵지 않다

　이 책에서 내내 가족에게 잠재된 힘에 대해 이야기했습니다. 결국 가족이 단단한 힘을 가지려면 각자의 위치에서 역할과 관계를 위해 노력해야 한다는 걸 새삼 깨닫게 됩니다. 가장 중요한 것은 엄마와 아빠의 역할입니다. 즉 부모의 역할이지요. 그런데 이 부모의 역할을 제대로 하려면 자기 부모의 관계를 되짚어봐야 합니다. 우리가 살아가면서 부모 역할을 100% 다 하는 집이 어디 있겠습니까? 예기치 않은 상황들도 생기고, 여러 이유들로 제 역할을 하는 데 어려움을 겪습니다. 가족 간에 욕구를 충분히 채워주지 못했다면 무조건 문제가 생기고 인생에도 항상 부정적일까요? 꼭 그런 것만은 아닙니다. 문제가 현재의 상황을 더 낫게 만들기도 합니다. 단지 문제를 어떻게 인정하고 이해하느냐에 달려있지요. 물론 이 역시 기본적인 가족의 힘이 조금이라도 있어야 가능합니다.
　엄마 아빠의 역할로 아이 마음에 사랑이 충만하면 안정감과 안락함을 느끼며 성장할 것입니다. 자연스럽게 때가 되면 독립하게 되고요. 부모가 아이를 충분히 돌봐주지 않으면 아이는 '누군가 나를 챙겨주었으면 하는 마음'을 갖게 됩니다. 자기 마음대로 주변 사람들을 챙겨주고, 이를 통해 주변에서 날 인정해 주기를 기대합니다. 이 마음은 다 부모에게 받고 싶었던 것들입니다.

인간에게는 두 가지 욕구가 있습니다. 물론 학자들에 따라 다양한 구분이 있지만 여기서는 크게 두 가지로 말해보겠습니다. 하나는 '충분한 사랑과 관심을 받고, 의존하려는 욕구'이고 또 하나는 그 반대입니다. '내 마음대로 하고 싶고, 독립하고 싶은 욕구'입니다.

의존의 욕구

이 욕구는 사람과의 관계 특히 부모와의 관계에서 밀접하게 연결됩니다. 서로 상호작용을 통해서 관심과 사랑을 받고 있는지 아는 것이지요. 이 욕구에 유치원 때까지 많이 집중합니다. 욕구가 어느 정도 채워지면 친구관계에서 친밀감을 느끼며 생활합니다. 어른이 되어서도 사람들과의 관계에서 계속 찾게 되는 욕구이지요. 그러나 이 욕구가 부모에게 채워지지 않으면 '부모의 대리 역할'을 해줄 사람을 평생 찾게 됩니다. 상대방이 그 역할을 해주면 충족될 것입니다. 그러나 그 사람이 떠나면 서운해집니다. 이 욕구가 충족되지 못하면 불안감, 서운함, 소외감, 외로움을 느낍니다.

독립의 욕구

이 욕구는 두 돌 때부터 드러납니다. 고집이라는 형태로 '내가 하고 싶은 대로 하려는' 행동이 바로 시작입니다. 이를 통해 자신의 생각을 드러내기 시작합니다. 아주 미숙한 형태이긴 하지만요. 미운 일곱 살 시기가 되면 말도 잘 듣지 않고 무조건 내 마음대로 하려 듭니다. 특히 어른이 시키는 것, 규칙들을 거부하지요. 조금 나아지면서 학교에 들어가 3, 4학년 무렵에 또 한 번 거세집니다. 그러다 사춘기를 겪습니다. 이 독립 욕구의 가장 큰 목적은 '나를 존중하라', '있는 그대로 인정해 달라'는 것입니다. 이 욕구들을 쟁취하려는 싸움은 매우 큽니다. 이 싸움에서 약간 꺾이기도 하는데 사실 잘못 꺾이면 더 문제가 됩니다. 어른이 되어서도 '남의 간섭은 죽어도 싫고, 경쟁 상황이 되면 지나치게 흥분을 하거나, 조금이라도 마음에 들지 않은 행동은 죄다 날 무시하는 행동'으로 해석하게 되거든요. 남을 무시하고 업신여기는 마음도 여기서 나옵니다. 자존감이 낮고 열등감도 생기고 자신을 드러내고 싶어 합니다. 독립의 욕구가 제대로 채워지지 않으면 연애에서도 '내 마음대로 사랑하고 챙기게 됩니다.' 언뜻 보면 상대를 잘 챙기는 것 같지만 결국은 자기만족을 위한 행동인 거죠.

결국 이 두 가지 욕구가 채워지지 않으면 주변 사람들에게 '부모 노릇'을 요구하게 됩니다. 이런 측면에서 얼마나 자녀를 잘 키워야 할지 새삼 깨닫게 되지요.

사람에게 위로와 인정을 원하고, 나 자신을 위한 삶을 살려는 것이 잘못 되었다고 말하는 것은 아닙니다. 이러한 마음 자체를 잘 파악하고, 인정할 것은 인정하자는 것입니다. 이 인정이 쉽지 않습니다. 하지만 노력하면 매우 긍정적인 효과가 나타납니다. 알고 있는 것과 모르고 살아가는 것의 차이는 무척 크기 때문이지요. '나에게 이런 마음이 있다'는 자각은 자신을 객관화시켜서 보는 시각을 줍니다. 심지어 자괴감이 들 때도 무작정 자책보다 '나는 이런 것 때문에 지금 열등감을 느끼고 자책하는구나'와 같이 생각해 보세요. 조금씩 자신을 알아가면 부모로서 가족의 힘을 긍정적으로 보탤 수 있습니다. 완벽한 부모보다 자신을 아는 부모가 좋은 가족을 만들며 가족의 힘을 견고하게 키워갈 수 있습니다.

가족의 힘이 따뜻하게 자라는 집에서는 자녀의 의존 욕구와 독립 욕구를 잘 채워주고, 성숙한 어른으로 세상에 내보냅니다. 자신은 물론 남에게도 도움되는 존재로 살게 하지요. 가족의 힘이 탄탄한 집은 부족한 욕구를 서로 채워주려고 노력합니다. 어른이 제대로 되지 못한 '어른 아이'가 가족이라는 울타리에서 어른으로 성숙할 수 있습니다. 다른 말로 표현하면 부모는 자식을 진정한 어른으로 키우고, 자신들은 더 성숙해져서 삶을 즐기게 된다는 것입니다.